Turing | Computing Machinery and Intelligence

Great Papers Philosophie

Alan M. Turing

Computing Machinery and Intelligence

Können Maschinen denken?

Englisch / Deutsch

Aus dem Englischen übersetzt und herausgegeben von Achim Stephan und Sven Walter
Unter Mitarbeit der Mitglieder des Turing-Studienprojektes

Reclam

2., durchgesehene und ergänzte Auflage

RECLAMS UNIVERSAL-BIBLIOTHEK Nr. 14464
2021, 2023 Philipp Reclam jun. Verlag GmbH,
Siemensstraße 32, 71254 Ditzingen

Gestaltung: Cornelia Feyll, Friedrich Forssman
Druck und Bindung: Esser printSolutions GmbH,
Untere Sonnenstraße 5, 84030 Ergolding
Printed in Germany 2025
RECLAM, UNIVERSAL-BIBLIOTHEK und
RECLAMS UNIVERSAL-BIBLIOTHEK sind eingetragene Marken
der Philipp Reclam jun. GmbH & Co. KG, Stuttgart
ISBN 978-3-15-014464-0

www.reclam.de | info@reclam.de

Computing Machinery and Intelligence

Können Maschinen denken?

COMPUTING MACHINERY AND INTELLIGENCE

BY A. M. TURING

1. The Imitation Game.

I PROPOSE to consider the question, 'Can machines think?' This should begin with definitions of the meaning of the terms 'machine' and 'think'. The definitions might be framed so as to reflect so far as possible the normal use of the words, but this attitude is dangerous. If the meaning of the words 'machine' and 'think' are to be found by examining how they are commonly used it is difficult to escape the conclusion that the meaning and the answer to the question, 'Can machines think?' is to be sought in a statistical survey such as a Gallup poll. But this is absurd. Instead of attempting such a definition I shall replace the question by another, which is closely related to it and is expressed in relatively unambiguous words.

The new form of the problem can be described in terms of a game which we call the 'imitation game'. It is played with three people, a man (A), a woman (B), and an interrogator (C) who may be of either sex. The interrogator stays in a room apart from the other two. The object of the game for the interrogator is to determine which of the other two is the man and which is the woman. He knows them by la-

KÖNNEN MASCHINEN DENKEN?

ALAN M. TURING

1. Das Imitationsspiel.

ICH SCHLAGE VOR, dass wir uns mit der Frage »Können Maschinen denken?« auseinandersetzen. Am Anfang einer solchen Betrachtung sollten eigentlich Definitionen der Begriffe »Maschine« und »denken« stehen. Man könnte diese Definitionen so formulieren, dass sie so weit wie möglich den normalen Gebrauch dieser Worte widerspiegeln. Doch diese Haltung ist gefährlich. Will man die Bedeutung der Wörter »Maschine« und »denken« am allgemeinen Sprachgebrauch ausrichten, kommt man kaum umhin, die Bedeutung und die Antwort auf die Frage »Können Maschinen denken?« auf dem Wege einer statistischen Erhebung wie zum Beispiel einer Gallup Poll zu ermitteln. Aber das ist absurd. Anstatt mich um solch eine Definition zu bemühen, werde ich daher die Frage durch eine andere ersetzen, die eng mit ihr verwandt und in recht eindeutigen Worten formuliert ist.

In seiner neuen Form lässt sich das Problem als ein Spiel beschreiben, das wir als »Imitationsspiel« bezeichnen wollen. Es wird von drei Personen gespielt, einem Mann (A), einer Frau (B) und einem Fragesteller (C), der männlichen oder weiblichen Geschlechts sein kann. Der Fragesteller befindet sich in einem separaten Raum. Ziel des Spiels für den Fragesteller ist es festzustellen, wer von den anderen beiden der Mann und wer die Frau ist. Er kennt sie zunächst

bels X and Y, and at the end of the game he says either 'X is A and Y is B' or 'X is B and Y is A'. The interrogator is allowed to put questions to A and B thus:

C: Will X please tell me the length of his or her hair?

Now suppose X is actually A, then A must answer. It is A's [434] object in the game to try and cause C to make the wrong identification. His answer might therefore be

> 'My hair is shingled, and the longest strands are about nine inches long.'

In order that tones of voice may not help the interrogator the answers should be written, or better still, typewritten. The ideal arrangement is to have a teleprinter communicating between the two rooms. Alternatively the question and answers can be repeated by an intermediary. The object of the game for the third player (B) is to help the interrogator. The best strategy for her is probably to give truthful answers. She can add such things as 'I am the woman, don't listen to him!' to her answers, but it will avail nothing as the man can make similar remarks.

We now ask the question, 'What will happen when a machine takes the part of A in this game?' Will the interrogator decide wrongly as often when the game is played like this as he does when the game is played between a man and a woman? These questions replace our original, 'Can machines think?'

als X und Y. Am Ende des Spiels sagt er entweder »X ist A und Y ist B« oder »X ist B und Y ist A«. Der Fragesteller darf an A und B Fragen stellen wie:

C: Würde mir X bitte sagen, wie lang sein oder ihr Haar ist?

Angenommen, X sei de facto A, dann muss A antworten. Die Aufgabe von A [434] bei diesem Spiel besteht nun darin, C möglichst zur falschen Identifizierung zu veranlassen. Entsprechend könnte seine Antwort lauten:

> »Ich trage eine Bubikopffrisur und die längsten Strähnen sind ungefähr 20 cm lang.«

Damit der Fragesteller die Befragten nicht an der Stimme erkennt, sollten die Antworten geschrieben oder besser noch maschinengeschrieben sein. Im Idealfall verläuft die Kommunikation zwischen beiden Räumen über einen Fernschreiber. Alternativ könnte ein Mittler die Fragen und die Antworten wiederholen. Das Ziel der Spielerin (B) besteht darin, dem Fragesteller zu helfen. Die beste Strategie für sie besteht wahrscheinlich darin, wahrheitsgetreu zu antworten. Sie kann ihren Antworten Anmerkungen hinzufügen, wie z. B. »Ich bin die Frau, höre nicht auf ihn«. Das nützt jedoch nichts, da der Mann ja Ähnliches sagen kann.

Fragen wir uns nun Folgendes: »Was passiert, wenn eine Maschine in diesem Spiel die Rolle von A übernimmt?« Wird sich der Fragesteller in diesem Fall ebenso oft falsch entscheiden wie dann, wenn das Spiel von einem Mann und einer Frau gespielt wird? Diese Fragen treten an die Stelle unserer Ausgangsfrage: »Können Maschinen denken?«

2. *Critique of the New Problem.*

As well as asking, 'What is the answer to this new form of the question', one may ask, 'Is this new question a worthy one to investigate?' This latter question we investigate without further ado, thereby cutting short an infinite regress.

The new problem has the advantage of drawing a fairly sharp line between the physical and the intellectual capacities of a man. No engineer or chemist claims to be able to produce a material which is indistinguishable from the human skin. It is possible that at some time this might be done, but even supposing this invention available we should feel there was little point in trying to make a 'thinking machine' more human by dressing it up in such artificial flesh. The form in which we have set the problem reflects this fact in the condition which prevents the interrogator from seeing or touching the other competitors, or hearing their voices. Some other advantages of the proposed criterion may be shown up by specimen questions and answers. Thus:

Q: Please write me a sonnet on the subject of the Forth Bridge.
A: Count me out on this one. I never could write poetry.
Q: Add 34 957 to 70 764.
A: (Pause about 30 seconds and then give as answer) 105 621.
Q: Do you play chess?

2. Kritische Bemerkungen zum neuen Problem.

Anstelle von »Was ist die Antwort auf diese neue Frage?« könnte man auch fragen: »Ist diese neue Frage überhaupt eine Untersuchung wert?« Widmen wir uns ohne weiteres Getue dieser letzten Frage, um einen infiniten Regress zu vermeiden.

Das neue Problem besitzt den Vorteil, dass es eine ziemlich scharfe Trennungslinie zwischen den physischen und den intellektuellen Fähigkeiten eines Menschen zieht. Kein Ingenieur oder Chemiker wird von sich behaupten, er könne ein Material produzieren, das von der menschlichen Haut nicht zu unterscheiden ist. Möglich, dass dies irgendwann einmal gelingt; doch selbst dann, wenn man annimmt, dass eine derartige Erfindung existiert, sollte man doch meinen, dass es wenig sinnvoll wäre, eine »denkende Maschine« dadurch menschlicher gestalten zu wollen, dass man sie mit solch künstlichem Fleisch ausstaffiert. Die Form unserer Problemstellung trägt dieser Tatsache insofern Rechnung, als sie den Fragesteller daran hindert, die anderen Beteiligten zu sehen, zu berühren oder ihre Stimmen zu hören. Einige andere Vorteile des Kriteriums, das wir vorgeschlagen haben, lassen sich anhand von exemplarischen Fragen und Antworten aufzeigen, wie etwa:

F: Schreiben Sie mir bitte ein Sonett über die Forth-Brücke.
A: Da bin ich raus; ich könnte niemals Gedichte schreiben.
F: Addieren Sie die beiden Zahlen 34 957 und 70 764.
A: (warte etwa 30 Sekunden und gib dann als Antwort) 105 621.
F: Spielen Sie Schach?

A: Yes. [435]

Q: I have K at my K1, and no other pieces. You have only K at K6 and R at R1. It is your move. What do you play?

A: (After a pause of 15 seconds) R-R8 mate.

The question and answer method seems to be suitable for introducing almost any one of the fields of human endeavour that we wish to include. We do not wish to penalise the machine for its inability to shine in beauty competitions, nor to penalise a man for losing in a race against an aeroplane. The conditions of our game make these disabilities irrelevant. The 'witnesses' can brag, if they consider it advisable, as much as they please about their charms, strength or heroism, but the interrogator cannot demand practical demonstrations.

The game may perhaps be criticised on the ground that the odds are weighted too heavily against the machine. If the man were to try and pretend to be the machine he would clearly make a very poor showing. He would be given away at once by slowness and inaccuracy in arithmetic. May not machines carry out something which ought to be described as thinking but which is very different from what a man does? This objection is a very strong one, but at least we can say that if, nevertheless, a machine can be constructed to play the imitation game satisfactorily, we need not be troubled by this objection.

It might be urged that when playing the 'imitation game' the best strategy for the machine may possibly be some-

A: Ja. [435]

F: Mein König steht auf e8; sonst habe ich keine Figuren mehr. Sie haben nur noch Ihren König auf e6 und einen Turm auf h1. Sie sind am Zug. Wie ziehen Sie?

A: (nach einer Pause von 15 Sekunden) h1 nach h8 – matt.

Die Frage-und-Antwort-Methode scheint geeignet zu sein, fast jeden gewünschten Bereich menschlichen Verhaltens abzudecken. Wir wollen weder die Maschine für ihre Unfähigkeit bestrafen, in Schönheitswettbewerben zu glänzen, noch einen Menschen dafür, in einem Rennen gegen ein Flugzeug zu verlieren. Die Bedingungen unseres Spiels machen diese Unvermögen irrelevant. Die »Zeugen« mögen, wenn es ihnen ratsam erscheint, mit ihren Reizen, ihren Kräften oder ihrer Heldenhaftigkeit prahlen, so viel sie wollen, der Fragesteller kann schließlich keine praktischen Vorführungen verlangen.

Möglicherweise könnte man unser Spiel kritisieren, weil man der Meinung ist, dass die Maschine zu sehr im Nachteil sei. Wenn der Mensch versuchen sollte, so zu tun, als sei er die Maschine, würde er zweifellos einen miserablen Eindruck machen. Er würde sich sofort durch seine Langsamkeit und seine rechnerische Ungenauigkeit verraten. Könnten Maschinen nicht etwas tun, das zwar als Denken bezeichnet werden sollte, das sich jedoch stark von dem unterscheidet, was ein Mensch tut? Dies ist ein schwerwiegender Einwand. Zumindest aber können wir sagen, dass er uns nicht zu beunruhigen braucht, wenn dennoch eine Maschine konstruiert werden kann, die das Imitationsspiel befriedigend zu spielen vermag.

Man könnte einwenden, dass beim Imitationsspiel die

thing other than imitation of the behaviour of a man. This may be, but I think it is unlikely that there is any great effect of this kind. In any case there is no intention to investigate here the theory of the game, and it will be assumed that the best strategy is to try to provide answers that would naturally be given by a man.

3. *The Machines concerned in the Game.*

The question which we put in § 1 will not be quite definite until we have specified what we mean by the word 'machine'. It is natural that we should wish to permit every kind of engineering technique to be used in our machines. We also wish to allow the possibility that an engineer or team of engineers may construct a machine which works, but whose manner of operation cannot be satisfactorily described by its constructors because they have applied a method which is largely experimental. Finally, we wish to exclude from the machines men born in the usual manner. It is difficult to frame the definitions so as to satisfy these three conditions. One might for instance insist that the team of [436] engineers should be all of one sex, but this would not really be satisfactory, for it is probably possible to rear a complete individual from a single cell of the skin (say) of a man. To do so would be a feat of biological technique deserving of the very highest praise, but we would

beste Strategie für die Maschine möglicherweise gar nicht darin besteht, menschliches Verhalten zu imitieren. Das mag sein, ich halte es jedoch für unwahrscheinlich, dass dies nennenswerte Auswirkungen haben würde. Auf jeden Fall geht es hier nicht darum, die Theorie des Spiels zu untersuchen. Wir nehmen schlicht an, dass die beste Strategie darin besteht, nach Möglichkeit so zu antworten, wie ein Mensch es natürlicherweise tun würde.

3. *Um was für Maschinen geht es in dem Spiel?*

Die in Abschnitt 1 gestellte Frage wird erst dann klar definiert sein, wenn wir spezifiziert haben, was wir unter dem Begriff »Maschine« verstehen. Selbstverständlich möchten wir in unseren Maschinen jede Art von Ingenieurstechnik zulassen. Wir möchten auch die Möglichkeit zulassen, dass ein Ingenieur oder ein Team von Ingenieuren eine funktionierende Maschine konstruieren darf, deren Arbeitsweise sie nicht zufriedenstellend beschreiben können, weil die von ihnen angewandte Methode weitgehend experimentell war. Und schließlich möchten wir Menschen, die auf übliche Weise geboren wurden, nicht zu den Maschinen zählen. Es ist schwierig, die Definitionen so zu formulieren, dass sie diese drei Bedingungen erfüllen. Man könnte z. B. darauf bestehen, dass das Ingenieursteam [436] aus Personen gleichen Geschlechts besteht. Das wäre jedoch nicht wirklich zufriedenstellend, da es wahrscheinlich möglich ist, ein vollständiges Individuum aus einer einzigen Hautzelle, etwa einer menschlichen, zu züchten. Das wäre zwar eine Meisterleistung biologischer Technik, die allerhöchstes Lob

not be inclined to regard it as a case of 'constructing a thinking machine'. This prompts us to abandon the requirement that every kind of technique should be permitted. We are the more ready to do so in view of the fact that the present interest in 'thinking machines' has been aroused by a particular kind of machine, usually called an 'electronic computer' or 'digital computer'. Following this suggestion we only permit digital computers to take part in our game.

This restriction appears at first sight to be a very drastic one. I shall attempt to show that it is not so in reality. To do this necessitates a short account of the nature and properties of these computers.

It may also be said that this identification of machines with digital computers, like our criterion for 'thinking', will only be unsatisfactory if (contrary to my belief), it turns out that digital computers are unable to give a good showing in the game.

There are already a number of digital computers in working order, and it may be asked, 'Why not try the experiment straight away? It would be easy to satisfy the conditions of the game. A number of interrogators could be used, and statistics compiled to show how often the right identification was given.' The short answer is that we are not asking whether all digital computers would do well in the game nor whether the computers at present available would do well, but whether there are imaginable computers which would do well. But this is only the short answer. We shall see this question in a different light later.

verdiente, jedoch wären wir nicht geneigt, darin die »Konstruktion einer denkenden Maschine« zu sehen. Das veranlasst uns, die Forderung aufzugeben, dass jede Art von Technik zugelassen werden sollte. Wir sind dazu umso mehr bereit angesichts der Tatsache, dass das gegenwärtige Interesse an »denkenden Maschinen« durch eine ganz bestimmte Art von Maschinen geweckt wurde, die man gewöhnlich als »elektronische Rechner« oder als »digitale Rechner« bezeichnet. Dieser Überlegung folgend, lassen wir nur digitale Rechner an unserem Spiel teilnehmen.

Diese Einschränkung erscheint auf den ersten Blick sehr drastisch. Ich versuche jedoch zu zeigen, dass dem in Wirklichkeit nicht so ist. Dies erfordert eine kurze Betrachtung der Natur und Eigenschaften dieser Rechner.

Man sollte noch hinzufügen, dass diese Gleichsetzung von Maschinen mit digitalen Rechnern ebenso wie unser Kriterium für »Denken« nur dann unbefriedigend sein wird, wenn sich (was ich nicht glaube) herausstellt, dass digitale Rechner nicht fähig sind, bei dem Spiel gut abzuschneiden.

Es gibt bereits eine Reihe digitaler Rechner im betriebsfähigen Zustand, und man könnte fragen: »Warum das Experiment nicht einfach durchführen? Es wäre ein Leichtes, die Bedingungen des Spiels zu erfüllen. Man könnte einige Fragesteller heranziehen und statistisch erheben, wie oft die richtige Identifizierung gelang.« Die kurze Antwort hierauf ist, dass wir weder fragen, ob alle digitalen Rechner im Spiel gut abschneiden würden, noch, ob die derzeit verfügbaren Rechner gut abschneiden würden, sondern ob Rechner vorstellbar sind, die gut abschneiden würden. Aber das ist nur die kurze Antwort. Wir werden diese Frage später in einem anderen Licht sehen.

4. Digital Computers.

The idea behind digital computers may be explained by saying that these machines are intended to carry out any operations which could be done by a human computer. The human computer is supposed to be following fixed rules; he has no authority to deviate from them in any detail. We may suppose that these rules are supplied in a book, which is altered whenever he is put on to a new job. He has also an unlimited supply of paper on which he does his calculations. He may also do his multiplications and additions on a 'desk machine', but this is not important.

If we use the above explanation as a definition we shall be in [437] danger of circularity of argument. We avoid this by giving an outline of the means by which the desired effect is achieved. A digital computer can usually be regarded as consisting of three parts:

(i) Store.
(ii) Executive unit.
(iii) Control.

The store is a store of information, and corresponds to the human computer's paper, whether this is the paper on which he does his calculations or that on which his book of rules is printed. In so far as the human computer does calculations in his head a part of the store will correspond to his memory.

4. Digitale Rechner.

Die Idee, die hinter digitalen Rechnern steht, ließe sich erklären, indem man sagt, dass diese Maschinen dafür gedacht sind, jede Operation auszuführen, die von einem menschlichen Rechner ausgeführt werden könnte. Vom menschlichen Rechner wird erwartet, dass er festen Regeln folgt; von diesen darf er nicht im Geringsten abweichen. Wir können annehmen, dass diese Regeln in einem Buch zur Verfügung gestellt werden, das stets angepasst wird, wenn er eine neue Aufgabe erhält. Er verfügt außerdem über einen unbeschränkten Papiervorrat für seine Berechnungen. Seine Multiplikationen und Additionen darf er auch auf einer »Tischrechenmaschine« ausführen, doch das ist nicht von Bedeutung.

Wenn wir die oben gegebene Erklärung als Definition verwenden, laufen wir [437] Gefahr, zirkulär zu argumentieren. Dies vermeiden wir, indem wir umreißen, mit welchen Mitteln das gewünschte Ergebnis erreicht wird. Digitale Rechner bestehen gewöhnlich aus drei Bestandteilen:

(i) Speicher.
(ii) Ausführende Einheit.
(iii) Steuereinheit.

Der Speicher ist ein Informationsspeicher und entspricht dem Papier des menschlichen Rechners, und zwar entweder dem Papier, auf dem er rechnet, oder dem Papier des Buches, in dem die Regeln festgehalten sind. In dem Umfang, in dem der menschliche Rechner Berechnungen im Kopf ausführt, entspricht ein Teil des Speichers dessen Gedächtnis.

The executive unit is the part which carries out the various individual operations involved in a calculation. What these individual operations are will vary from machine to machine. Usually fairly lengthy operations can be done such as 'Multiply 3540675445 by 7076345687' but in some machines only very simple ones such as 'Write down 0' are possible.

We have mentioned that the 'book of rules' supplied to the computer is replaced in the machine by a part of the store. It is then called the 'table of instructions'. It is the duty of the control to see that these instructions are obeyed correctly and in the right order. The control is so constructed that this necessarily happens.

The information in the store is usually broken up into packets of moderately small size. In one machine, for instance, a packet might consist of ten decimal digits. Numbers are assigned to the parts of the store in which the various packets of information are stored, in some systematic manner. A typical instruction might say–

> 'Add the number stored in position 6809 to that in 4302 and put the result back into the latter storage position'.

Needless to say it would not occur in the machine expressed in English. It would more likely be coded in a form such as 6809430217. Here 17 says which of various possible operations is to be performed on the two numbers. In this

Die ausführende Einheit ist derjenige Teil, der die verschiedenen einzelnen Operationen einer Berechnung ausführt. Worin diese einzelnen Operationen bestehen, variiert von Maschine zu Maschine. In der Regel können ziemlich lange Operationen ausgeführt werden, wie etwa »Multipliziere 3540675445 mit 7076345687«, bei einigen Maschinen sind dagegen nur ganz einfache Operationen möglich, wie etwa »Schreibe 0«.

Wie erwähnt, wird das dem menschlichen Rechner zur Verfügung gestellte »Regelbuch« in der Maschine durch einen Teil des Speichers ersetzt. Dieser wird dann als »Befehlsliste« bezeichnet. Die Steuereinheit hat dafür zu sorgen, dass die Befehle korrekt und in der richtigen Reihenfolge abgearbeitet werden. Sie ist so konstruiert, dass dies notwendigerweise geschieht.

Die im Speicher enthaltene Information ist gewöhnlich in relativ kleine Pakete aufgeteilt. In einer bestimmten Maschine könnte ein solches Paket beispielsweise aus zehn Dezimalziffern bestehen. Den Teilen des Speichers, in denen die verschiedenen Informationspakete gespeichert werden, werden nach einem bestimmten System Nummern zugewiesen. Ein typischer Befehl könnte lauten:

> »Addiere die an Position 6809 gespeicherte Zahl zu der an Position 4302 gespeicherten Zahl und lege das Ergebnis an der letztgenannten Speicherposition ab.«

Es versteht sich von selbst, dass ein solcher Befehl nicht in natürlicher Sprache in der Maschine erscheint. Er wird eher in einer Form wie 6809430217 kodiert, wobei 17 hier angibt, welche der verschiedenen möglichen Operationen

case the operation is that described above, *viz.* 'Add the number ...' It will be noticed that the instruction takes up 10 digits and so forms one packet of information, very conveniently. The control will normally take the instructions to be obeyed in the order of the positions in which they are stored, but occasionally an instruction such as [438]

> 'Now obey the instruction stored in position 5606, and continue from there'

may be encountered, or again

> 'If position 4505 contains 0 obey next the instruction stored in 6707, otherwise continue straight on.'

Instructions of these latter types are very important because they make it possible for a sequence of operations to be repeated over and over again until some condition is fulfilled, but in doing so to obey, not fresh instructions on each repetition, but the same ones over and over again. To take a domestic analogy. Suppose Mother wants Tommy to call at the cobbler's every morning on his way to school to see if her shoes are done, she can ask him afresh every morning. Alternatively she can stick up a notice once and for all in the hall which he will see when he leaves for school and which tells him to call for the shoes, and also to destroy the notice when he comes back if he has the shoes with him.

mit den beiden Zahlen ausgeführt werden soll. In diesem Fall also »Addiere die Zahl …«. Wie man sieht, besteht der Befehl aus zehn Ziffern und bildet, praktischerweise, ein Informationspaket. Die Steuereinheit wird die Befehle gewöhnlich in der Reihenfolge ihrer Speicherposition ausführen, gelegentlich trifft man jedoch auch auf Befehle wie [438]:

> »Führe jetzt den an Position 5606 gespeicherten Befehl aus und fahre von dort aus fort«

oder

> »Falls Position 4505 den Wert 0 enthält, führe als Nächstes den an Position 6707 stehenden Befehl aus, andernfalls fahre weiter fort.«

Befehle der letzteren Art sind sehr wichtig, da sie es ermöglichen, eine Folge von Operationen so lange zu wiederholen, bis eine bestimmte Bedingung erfüllt ist – und zwar nicht, indem sie für jeden Wiederholungsschritt neuen Befehlen folgen, sondern indem sie dieselben Befehle immer wieder ausführen. Um einen Vergleich aus dem täglichen Leben zu nehmen: Wenn die Mutter beispielsweise möchte, dass Thomas jeden Morgen auf seinem Schulweg beim Schuster nachfragt, ob ihre Schuhe fertig sind, kann sie ihm dies jeden Morgen aufs Neue sagen. Sie könnte aber auch ein für alle Mal eine Notiz in den Flur hängen, die ihn beim Verlassen des Hauses daran erinnert, auf dem Weg zur Schule nach den Schuhen zu fragen, und ihn zudem auffordert, die Notiz zu vernichten, wenn er die Schuhe dabeihat.

The reader must accept it as a fact that digital computers can be constructed, and indeed have been constructed, according to the principles we have described, and that they can in fact mimic the actions of a human computer very closely.

The book of rules which we have described our human computer as using is of course a convenient fiction. Actual human computers really remember what they have got to do. If one wants to make a machine mimic the behaviour of the human computer in some complex operation one has to ask him how it is done, and then translate the answer into the form of an instruction table. Constructing instruction tables is usually described as 'programming'. To 'programme a machine to carry out the operation A' means to put the appropriate instruction table into the machine so that it will do A.

An interesting variant on the idea of a digital computer is a 'digital computer with a random element'. These have instructions involving the throwing of a die or some equivalent electronic process; one such instruction might for instance be, 'Throw the die and put the resulting number into store 1000'. Sometimes such a machine is described as having free will (though I would not use this phrase myself). It is not normally possible to determine from observing a machine whether it has a random element, for a similar effect can be produced by such devices as making the choices depend on the digits of the decimal for π.

Der Leser muss es als eine Tatsache hinnehmen, dass digitale Rechner nach den von uns beschriebenen Prinzipien gebaut werden können und auch gebaut wurden, und dass sie tatsächlich die Handlungen eines menschlichen Rechners sehr genau nachahmen können.

Das Regelbuch, das der menschliche Rechner unserer Beschreibung nach nutzt, ist natürlich nur eine zweckdienliche Fiktion. Echte menschliche Rechner haben im Kopf, was sie tun müssen. Möchte man, dass sich eine Maschine bei einer komplexen Operation wie ein menschlicher Rechner verhält, muss man ihn fragen, wie er diese ausführt, und die Antwort dann in die Form einer Befehlsliste übersetzen. Das Erstellen solcher Befehlslisten bezeichnet man gewöhnlich als »programmieren«. »Eine Maschine so zu programmieren, dass sie die Operation A ausführt« bedeutet, der Maschine die geeignete Befehlsliste einzugeben, damit sie A ausführt.

Eine interessante Variante der Idee eines digitalen Rechners ist ein »digitaler Rechner mit einem Zufallselement«. Die Befehle solcher Rechner schließen das Werfen eines Würfels oder einen äquivalenten elektronischen Vorgang ein. So könnte ein solcher Befehl etwa lauten: »Würfle und lege die gewürfelte Zahl an Position 1000 ab«. Manchmal wird einer solchen Maschine ein freier Wille zugeschrieben (obwohl ich diesen Ausdruck selbst nicht verwenden würde). Gewöhnlich ist es nicht möglich, durch Beobachtung einer Maschine festzustellen, ob sie ein Zufallselement besitzt, da ähnliche Effekte etwa auch durch Vorrichtungen erzeugt werden können, bei denen die Entscheidung von den Ziffern der Dezimalbruchentwicklung für π abhängig gemacht wird.

Most actual digital computers have only a finite store. There is no theoretical difficulty in the idea of a computer with an unlimited store. Of course only a finite part can have been used at any one time. Likewise only a finite amount can have been [439] constructed, but we can imagine more and more being added as required. Such computers have special theoretical interest and will be called infinitive capacity computers.

The idea of a digital computer is an old one. Charles Babbage, Lucasian Professor of Mathematics at Cambridge from 1828 to 1839, planned such a machine, called the Analytical Engine, but it was never completed. Although Babbage had all the essential ideas, his machine was not at that time such a very attractive prospect. The speed which would have been available would be definitely faster than a human computer but something like 100 times slower than the Manchester machine, itself one of the slower of the modern machines. The storage was to be purely mechanical, using wheels and cards.

The fact that Babbage's Analytical Engine was to be entirely mechanical will help us to rid ourselves of a superstition. Importance is often attached to the fact that modern digital computers are electrical, and that the nervous system also is electrical. Since Babbage's machine was not electrical, and since all digital computers are in a sense equivalent, we see that this use of electricity cannot be of theoret-

Modernste digitale Rechner haben nur einen endlichen Speicher. Theoretisch ist es nicht schwierig, sich eine Rechenmaschine mit unbegrenztem Speicher vorzustellen. Natürlich könnte zu jedem Zeitpunkt nur ein endlicher Teil des Speichers benutzt worden sein. Ebenso könnte [439] nur eine endliche Menge an Speicher hergestellt worden sein, doch können wir uns durchaus vorstellen, je nach Bedarf immer mehr hinzuzufügen. Solche Rechner sind von besonderem theoretischen Interesse und können als Rechner mit unendlicher Kapazität bezeichnet werden.

Die Idee eines digitalen Rechners ist alt. Charles Babbage, von 1828 bis 1839 Lucasischer Professor für Mathematik in Cambridge, entwarf eine solche Maschine, »Analytische Maschine« genannt, die jedoch nie vollendet wurde. Obwohl Babbage alle wesentlichen Ideen entwickelt hatte, verband man mit seiner Maschine zu jener Zeit keine großen Erwartungen. Die erreichbare Geschwindigkeit hätte zwar die eines menschlichen Rechners gewiss übertroffen, sie wäre jedoch ungefähr hundert Mal geringer gewesen als die der »Manchester-Maschine«, die ihrerseits eine der langsameren modernen Maschinen ist. Der Speicher sollte, unter Verwendung von Zahnrädern und Karten, rein mechanisch sein.

Die Tatsache, dass Babbages Analytische Maschine rein mechanisch sein sollte, wird helfen, uns von einem Aberglauben zu befreien. Oft wird der Tatsache Bedeutung beigemessen, dass digitale Rechner ebenso wie das Nervensystem auf der Basis elektrischer Prozesse arbeiten. Da Babbages Maschine keine elektrische Maschine war und da alle digitalen Rechner in einem gewissen Sinn äquivalent miteinander sind, sehen wir leicht ein, dass die Verwendung

ical importance. Of course electricity usually comes in where fast signalling is concerned, so that it is not surprising that we find it in both these connections. In the nervous system chemical phenomena are at least as important as electrical. In certain computers the storage system is mainly acoustic. The feature of using electricity is thus seen to be only a very superficial similarity. If we wish to find such similarities we should look rather for mathematical analogies of function.

5. *Universality of Digital Computers.*

The digital computers considered in the last section may be classified amongst the 'discrete state machines'. These are the machines which move by sudden jumps or clicks from one quite definite state to another. These states are sufficiently different for the possibility of confusion between them to be ignored. Strictly speaking there are no such machines. Everything really moves continuously. But there are many kinds of machine which can profitably be *thought of* as being discrete state machines. For instance in considering the switches for a lighting system it is a convenient fiction that each switch must be definitely on or definitely off. There must be intermediate positions, but for most

von Elektrizität theoretisch nicht von Bedeutung ist. Natürlich spielt Elektrizität in der Regel dann eine Rolle, wenn es um eine schnelle Signalübertragung geht, so dass es nicht weiter überrascht, sie in diesen beiden Zusammenhängen anzutreffen. Im Nervensystem sind chemische Phänomene mindestens ebenso wichtig wie elektrische. In einigen Rechnern ist das Speichersystem hauptsächlich akustisch. Die Verwendung von Elektrizität erweist sich somit nur als eine sehr vordergründige Ähnlichkeit. Wenn wir echte Ähnlichkeiten ausmachen wollen, dann sollten wir eher nach mathematischen Analogien in ihrer Arbeitsweise Ausschau halten.

5. *Die Universalität digitaler Rechner.*

Die im letzten Abschnitt betrachteten digitalen Rechner lassen sich als »Maschinen mit diskreten Zuständen« bezeichnen. Das sind solche Maschinen, bei denen der Übergang von einem eindeutigen Zustand zu einem anderen in plötzlichen Sprüngen erfolgt. Die Zustände sind dabei voneinander hinreichend verschieden, so dass man die Möglichkeit von Verwechslungen außer Acht lassen kann. Streng genommen gibt es keine solchen Maschinen. In Wirklichkeit verläuft alles stetig. Es gibt jedoch viele Maschinenarten, bei denen es von Nutzen sein kann, sie sich als Maschinen mit diskreten Zuständen *vorzustellen*. Betrachtet man z. B. die Schalter einer Beleuchtungsanlage, dann kann man sich der Einfachheit halber vorstellen, dass jeder Schalter eindeutig ein- oder ausgeschaltet sein muss. Es muss zwar Zwischenstellungen geben, die man jedoch

purposes we can forget about them. As an example of a discrete state machine we might consider a wheel which clicks [440] round through 120° once a second, but may be stopped by a lever which can be operated from outside; in addition a lamp is to light in one of the positions of the wheel. This machine could be described abstractly as follows. The internal state of the machine (which is described by the position of the wheel) may be q_1, q_2 or q_3. There is an input signal i_0 or i_1 (position of lever). The internal state at any moment is determined by the last state and input signal according to the table

		Last State		
		q_1	q_2	q_3
Input	i_0	q_2	q_3	q_1
	i_1	q_1	q_2	q_3

The output signals, the only externally visible indication of the internal state (the light) are described by the table

State	q_1	q_2	q_3
Output	o_0	o_0	o_1

This example is typical of discrete state machines. They can be described by such tables provided they have only a finite number of possible states.

in den meisten Fällen vernachlässigen kann. Als Beispiel einer Maschine mit diskreten Zuständen können wir ein Rad nehmen, das sich pro Sekunde um 120° ruckartig weiterdreht [440], aber durch einen von außen bedienbaren Hebel angehalten werden kann; außerdem soll bei einer bestimmten Radstellung eine Lampe aufleuchten. Diese Maschine ließe sich wie folgt abstrakt beschreiben. Der interne Zustand der Maschine (der durch die Radstellung beschrieben ist) kann q_1, q_2 oder q_3 sein. Es gibt ein Eingabesignal i_0 oder i_1 (die Hebelstellung). Zu jedem Zeitpunkt wird der interne Zustand durch den vorherigen Zustand und das Eingabesignal bestimmt, gemäß der folgenden Tabelle:

		vorheriger Zustand		
		q_1	q_2	q_3
Eingabe	i_0	q_2	q_3	q_1
	i_1	q_1	q_2	q_3

Die Ausgabesignale, die die einzig äußerlich sichtbaren Zeichen des internen Zustands (Licht an oder aus) sind, werden durch die folgende Tabelle beschrieben:

Zustand	q_1	q_2	q_3
Ausgabe	o_0	o_0	o_1

Dieses Beispiel ist charakteristisch für Maschinen mit diskreten Zuständen. Vorausgesetzt, sie können nur endlich viele Zustände annehmen, lassen sie sich durch solche Tabellen beschreiben.

It will seem that given the initial state of the machine and the input signals it is always possible to predict all future states. This is reminiscent of Laplace's view that from the complete state of the universe at one moment of time, as described by the positions and velocities of all particles, it should be possible to predict all future states. The prediction which we are considering is, however, rather nearer to practicability than that considered by Laplace. The system of the 'universe as a whole' is such that quite small errors in the initial conditions can have an overwhelming effect at a later time. The displacement of a single electron by a billionth of a centimetre at one moment might make the difference between a man being killed by an avalanche a year later, or escaping. It is an essential property of the mechanical systems which we have called 'discrete state machines' that this phenomenon does not occur. Even when we consider the actual physical machines instead of the idealised machines, reasonably accurate knowledge of the state at one moment yields reasonably accurate knowledge any number of steps later. [441]

As we have mentioned, digital computers fall within the class of discrete state machines. But the number of states of which such a machine is capable is usually enormously large. For instance, the number for the machine now working at Manchester is about $2^{165,000}$, *i. e.* about $10^{50,000}$. Compare this with our example of the clicking wheel described

Sind der Anfangszustand der Maschine und die Eingabesignale gegeben, scheint es immer möglich zu sein, alle zukünftigen Zustände vorherzusagen. Das erinnert an die Laplace'sche Ansicht, dass es möglich sein sollte, aus dem Gesamtzustand des Universums zu einem bestimmten Zeitpunkt, wie er durch die Position und die Geschwindigkeit jedes Teilchens beschrieben wird, alle zukünftigen Zustände vorherzusagen. Die von uns betrachtete Vorhersage ist jedoch praktikabler als die von Laplace. Das System des »Universum als Ganzes« ist so beschaffen, dass selbst kleinste Abweichungen in den Anfangsbedingungen zu einem späteren Zeitpunkt eine überwältigende Wirkung haben können. Die Verschiebung eines Elektrons um einen Milliardstel Zentimeter zu einem bestimmten Zeitpunkt kann darüber entscheiden, ob ein Jahr später ein Mensch von einer Lawine getötet wird oder ob er ihr entgeht. Es ist eine wesentliche Eigenschaft der mechanischen Systeme, die wir als »Maschinen mit diskreten Zuständen« bezeichnet haben, dass dieses Phänomen nicht auftritt. Selbst wenn wir tatsächliche physikalische Maschinen anstelle der idealisierten Maschinen betrachten, ergibt sich aus einer hinreichend genauen Kenntnis ihres Zustands zu einem bestimmten Zeitpunkt eine hinreichend genaue Kenntnis des Zustands beliebig viele Schritte später. [441]

Wie erwähnt gehören digitale Rechner zur Klasse der Maschinen mit diskreten Zuständen. Die Anzahl der verschiedenen Zustände, die eine solche Maschine annehmen kann, ist jedoch normalerweise enorm groß. Beispielsweise beträgt diese Zahl bei der zurzeit in Manchester arbeitenden Maschine ungefähr $2^{165\,000}$, also ungefähr $10^{50\,000}$. Man vergleiche dies mit unserem Beispiel des sich ruckartig

above, which had three states. It is not difficult to see why the number of states should be so immense. The computer includes a store corresponding to the paper used by a human computer. It must be possible to write into the store any one of the combinations of symbols which might have been written on the paper. For simplicity suppose that only digits from 0 to 9 are used as symbols. Variations in handwriting are ignored. Suppose the computer is allowed 100 sheets of paper each containing 50 lines each with room for 30 digits. Then the number of states is $10^{100 \times 50 \times 30}$, *i. e.* $10^{150,000}$. This is about the number of states of three Manchester machines put together. The logarithm to the base two of the number of states is usually called the 'storage capacity' of the machine. Thus the Manchester machine has a storage capacity of about 165,000 and the wheel machine of our example about 1.6. If two machines are put together their capacities must be added to obtain the capacity of the resultant machine. This leads to the possibility of statements such as 'The Manchester machine contains 64 magnetic tracks each with a capacity of 2560, eight electronic tubes with a capacity of 1280. Miscellaneous storage amounts to about 300 making a total of 174,380.'

Given the table corresponding to a discrete state machine it is possible to predict what it will do. There is no reason why this calculation should not be carried out by

bewegenden Rades, das drei Zustände annehmen kann. Es ist nicht schwer zu sehen, weshalb die Anzahl der Zustände so groß sein sollte. Der Rechner besitzt einen Speicher, der dem von einem menschlichen Rechner verwendeten Papier entspricht. Es muss möglich sein, in den Speicher jede beliebige Zeichenkombination zu schreiben, die auch auf Papier hätte geschrieben werden können. Der Einfachheit halber sei angenommen, dass als Zeichen nur die Ziffern von 0 bis 9 verwendet werden; handschriftliche Variationen werden ignoriert. Nehmen wir einmal an, dem Rechner stünden 100 Blatt Papier zur Verfügung, von denen jedes 50 Zeilen mit Platz für jeweils 30 Ziffern enthält. In diesem Fall ist die Anzahl der Zustände gleich $10^{100 \times 50 \times 30}$, also gleich $10^{150\,000}$. Dies ist ungefähr die Anzahl der Zustände von drei Manchester-Maschinen zusammengenommen. Der Logarithmus zur Basis 2 der Anzahl der Zustände wird gewöhnlich als die »Speicherkapazität« der Maschine bezeichnet. Demzufolge besitzt die Manchester-Maschine eine Speicherkapazität von ungefähr 165 000 und die Radmaschine unseres Beispiels eine Speicherkapazität von etwa 1,6. Nimmt man zwei Maschinen zusammen, so muss man deren Kapazitäten addieren, um die Kapazität der resultierenden Maschine zu erhalten. Dies ermöglicht Feststellungen wie: »Die Manchester-Maschine enthält 64 Magnetspuren, jede mit einer Kapazität von 2560, und acht Elektronenröhren mit jeweils einer Kapazität von 1280. Die Kapazität sonstiger Speicher beläuft sich auf etwa 300, so dass sich eine Gesamtkapazität von 174 380 ergibt.«

Ist die Tabelle einer Maschine mit diskreten Zuständen bekannt, so ist es möglich vorherzusagen, was sie tun wird. Es gibt keinen Grund, weshalb diese Berechnung nicht

means of a digital computer. Provided it could be carried out sufficiently quickly the digital computer could mimic the behaviour of any discrete state machine. The imitation game could then be played with the machine in question (as B) and the mimicking digital computer (as A) and the interrogator would be unable to distinguish them. Of course the digital computer must have an adequate storage capacity as well as working sufficiently fast. Moreover, it must be programmed afresh for each new machine which it is desired to mimic.

This special property of digital computers, that they can mimic any discrete state machine, is described by saying that they are *universal* machines. The existence of machines with this property has the important consequence that, considerations of speed apart, it is unnecessary to design various new machines to do various computing processes. They can all be [442] done with one digital computer, suitably programmed for each case. It will be seen that as a consequence of this all digital computers are in a sense equivalent.

We may now consider again the point raised at the end of § 3. It was suggested tentatively that the question, 'Can machines think?' should be replaced by 'Are there imaginable digital computers which would do well in the imitation game?' If we wish we can make this superficially more general and ask 'Are there discrete state machines which would

mithilfe eines digitalen Rechners ausgeführt werden sollte. Vorausgesetzt, dass sie hinreichend schnell ausgeführt werden könnte, wäre der digitale Rechner in der Lage, das Verhalten jeder Maschine mit diskreten Zuständen nachzuahmen. Das Imitationsspiel ließe sich dann mit der betreffenden Maschine (als B) und dem sie nachahmenden digitalen Rechner (als A) spielen, und der Fragesteller wäre außerstande, sie voneinander zu unterscheiden. Natürlich muss der digitale Rechner eine angemessene Speicherkapazität haben und schnell genug arbeiten. Darüber hinaus muss er für jede Maschine, die er nachahmen soll, neu programmiert werden.

Die besondere Eigenschaft digitaler Rechner, jede Maschine mit diskreten Zuständen nachahmen zu können, wird dadurch beschrieben, dass man sagt, sie seien *universelle* Maschinen. Die Existenz von Maschinen mit dieser Eigenschaft hat die wichtige Konsequenz, dass es, abgesehen von Überlegungen zu ihrer Geschwindigkeit, nicht erforderlich ist, jeweils neue Maschinen für verschiedene Rechenprozesse zu entwerfen. Diese können alle [442] von ein und demselben digitalen Rechner ausgeführt werden, der für jeden Fall entsprechend programmiert wird. Wir werden sehen, dass als Folge davon alle digitalen Rechner in gewisser Weise gleichwertig sind.

Wir wollen nun nochmals an die am Ende von Abschnitt 3 vorgebrachte Überlegung anknüpfen. Es wurde vorsichtig angeregt, die Frage »Können Maschinen denken?« durch die Frage »Sind digitale Rechner vorstellbar, die beim Imitationsspiel gut abschneiden würden?« zu ersetzen. Wenn wir wollen, können wir dies vordergründig verallgemeinern und fragen: »Gibt es Maschinen mit diskreten Zustän-

do well?' But in view of the universality property we see that either of these questions is equivalent to this, 'Let us fix our attention on one particular digital computer *C*. Is it true that by modifying this computer to have an adequate storage, suitably increasing its speed of action, and providing it with an appropriate programme, C can be made to play satisfactorily the part of A in the imitation game, the part of B being taken by a man?'

6. Contrary Views on the Main Question.

We may now consider the ground to have been cleared and we are ready to proceed to the debate on our question, 'Can machines think?' and the variant of it quoted at the end of the last section. We cannot altogether abandon the original form of the problem, for opinions will differ as to the appropriateness of the substitution and we must at least listen to what has to be said in this connexion.

It will simplify matters for the reader if I explain first my own beliefs in the matter. Consider first the more accurate form of the question. I believe that in about fifty years' time it will be possible to programme computers, with a storage capacity of about 10^9, to make them play the imitation game so well that an average interrogator will not have more than 70 per cent chance of making the right identification after five minutes of questioning. The original ques-

den, die gut abschneiden würden?« Angesichts der Universalitätseigenschaft zeigt sich jedoch, dass beide Fragen äquivalent zu der folgenden Frage sind: »Konzentrieren wir uns auf einen bestimmten digitalen Rechner C. Ist es wahr, dass dieser in die Lage versetzt werden kann, zufriedenstellend die Rolle von A im Imitationsspiel zu spielen, wobei Bs Rolle von einem Mann übernommen wird, wenn der Speicher des Rechners angemessen modifiziert, seine Verarbeitungsgeschwindigkeit erhöht und er mit einem angemessenen Programm ausgestattet wird?«

6. Gegensätzliche Ansichten über die zentrale Frage.

Wir haben nun das Fundament gelegt und sind bereit, die Diskussion unserer Frage »Können Maschinen denken?« und jener Spielart davon, die am Ende des letzten Abschnitts ausgeführt wurde, fortzusetzen. Wir können die ursprüngliche Form des Problems nicht ganz aufgeben, da die Meinungen über die Angemessenheit dieser Ersetzung auseinandergehen werden; wir müssen uns zumindest anhören, was in diesem Zusammenhang vorzubringen ist.

Um die Sache für den Leser zu vereinfachen, möchte ich zunächst meine eigenen Ansichten hierzu darlegen. Betrachten wir zunächst die genauere Fassung der Frage. Meiner Meinung nach wird es in etwa 50 Jahren möglich sein, Rechner mit einer Speicherkapazität von etwa 10^9 zu programmieren, die das Imitationsspiel so gut spielen werden, dass ein durchschnittlicher Fragesteller eine Chance von nicht mehr als 70 Prozent hat, die richtige Identifizierung nach fünf Minuten Befragung vorzunehmen. Die ur-

tion, 'Can machines think?' I believe to be too meaningless to deserve discussion. Nevertheless I believe that at the end of the century the use of words and general educated opinion will have altered so much that one will be able to speak of machines thinking without expecting to be contradicted. I believe further that no useful purpose is served by concealing these beliefs. The popular view that scientists proceed inexorably from well-established fact to well-established fact, never being influenced by any unproved conjecture, is quite mistaken. Provided it is made clear which are proved facts and which are conjectures, no harm can result. Conjectures are of great importance since they suggest useful lines of research. [443]

I now proceed to consider opinions opposed to my own.

(1) *The Theological Objection.* Thinking is a function of man's immortal soul. God has given an immortal soul to every man and woman, but not to any other animal or to machines. Hence no animal or machine can think.

I am unable to accept any part of this, but will attempt to reply in theological terms. I should find the argument more convincing if animals were classed with men, for there is a greater difference, to my mind, between the typical animate and the inanimate than there is between man and the other animals. The arbitrary character of the orthodox view

sprüngliche Frage »Können Maschinen denken?« halte ich für zu inhaltsleer, um einer Diskussion wert zu sein. Dennoch glaube ich, dass sich am Ende des Jahrhunderts der Gebrauch der Worte und die allgemeine gebildete Auffassung derart stark gewandelt haben werden, dass man von denkenden Maschinen reden kann, ohne dass Widerspruch zu erwarten wäre. Auch erachte ich es für zwecklos, diese Ansichten zu verbergen. Der verbreiteten Meinung, dass Wissenschaftler unerbittlich von einer anerkannten Tatsache zur nächsten fortschreiten, ohne sich durch unbeweisbare Vermutungen beeinflussen zu lassen, liegt ein schlichter Irrtum zugrunde. Vorausgesetzt es wird klargestellt, was bewiesene Tatsachen und was Vermutungen sind, kann kein Schaden entstehen. Vermutungen sind sehr wichtig, da sie für die Forschung richtungsweisend sein können. [443]

Ich möchte nun Meinungen betrachten, die meiner eigenen entgegenstehen.

(1) *Der theologische Einwand.* »Denken ist eine Funktion der unsterblichen menschlichen Seele. Gott verlieh jedem Mann und jeder Frau eine unsterbliche Seele, nicht aber anderen Lebewesen oder Maschinen. Daher kann kein Tier und keine Maschine denken.«

Ich sehe mich außerstande, auch nur einen Teil hiervon zu akzeptieren, will jedoch versuchen, mit theologischen Argumenten zu antworten. Ich hielte den Einwand für überzeugender, wenn Tiere und Menschen in einer Kategorie zusammengefasst würden, da meiner Meinung nach zwischen dem typisch Lebenden und dem Unbelebten ein größerer Unterschied besteht als zwischen Menschen und anderen Lebewesen. Der willkürliche Charakter der ortho-

becomes clearer if we consider how it might appear to a member of some other religious community. How do Christians regard the Moslem view that women have no souls? But let us leave this point aside and return to the main argument. It appears to me that the argument quoted above implies a serious restriction of the omnipotence of the Almighty.[1] It is admitted that there are certain things that He cannot do such as making one equal to two, but should we not believe that He has freedom to confer a soul on an elephant if He sees fit? We might expect that He would only exercise this power in conjunction with a mutation which provided the elephant with an appropriately improved brain to minister to the needs of this soul. An argument of exactly similar form may be made for the case of machines. It may seem different because it is more difficult to "swallow". But this really only means that we think it would be less likely that He would consider the circumstances suitable for conferring a soul. The circumstances in question are discussed in the rest of this paper. In attempting to construct such machines we should not be irreverently usurping His power of creating souls, any more than

1 Possibly this view is heretical. St. Thomas Aquinas (*Summa Theologica*, quoted by Bertrand Russell, p. 480) states that God cannot make a man to have no soul. But this may not be a real restriction on His powers, but only a result of the fact that men's souls are immortal, and therefore indestructible.

doxen Ansicht tritt klarer hervor, wenn wir betrachten, wie sie dem Anhänger einer anderen religiösen Gemeinschaft erscheinen mag. Wie stehen Christen zu der muslimischen Ansicht, dass Frauen keine Seele haben? Aber lassen wir diesen Punkt beiseite und kehren zum Hauptargument zurück. Mir scheint, dass das oben angeführte Argument eine ernsthafte Einschränkung der Allmacht des Allmächtigen impliziert.[1] Zugegeben, es gibt gewisse Dinge, die Gott nicht tun kann, z. B. eins gleich zwei machen; aber sollten wir nicht glauben, dass Gott die Freiheit hat, einem Elefanten eine Seele zu verleihen, wenn er es für passend hält? Wir dürfen erwarten, dass Gott diese Macht nur in Verbindung mit einer Veränderung ausübt, die dem Elefanten ein entsprechend verbessertes Gehirn verleiht, um den Bedürfnissen dieser Seele gerecht zu werden. Ein Argument der exakt gleichen Form kann für Maschinen vorgebracht werden. Es mag im Vergleich zu diesen verschieden erscheinen, da es schwieriger zu schlucken ist. Tatsächlich bedeutet es aber nur, dass wir es für weniger wahrscheinlich halten, dass Gott diese Umstände für die Verleihung einer Seele als passend erachten würde. Die fraglichen Umstände werden im restlichen Teil dieses Artikels erörtert. Beim Versuch, solche Maschinen zu konstruieren, sollten wir uns nicht ehrfurchtslos die göttliche Macht, Seelen zu erschaffen, anmaßen, ebenso wenig wie wir dies bei der Kin-

1 Diese Ansicht mag ketzerisch sein. Thomas von Aquin stellt in der *Summa Theologica* (zitiert von Russell 1946, S. 485) fest, dass Gott keinen Menschen ohne Seele erschaffen kann. Dies könnte jedoch keine Einschränkung der Macht Gottes darstellen, sondern schlicht der Tatsache geschuldet sein, dass die menschliche Seele unsterblich und damit unzerstörbar ist.

we are in the procreation of children: rather we are, in either case, instruments of His will providing mansions for the souls that He creates.

However, this is mere speculation. I am not very impressed with theological arguments whatever they may be used to support. Such arguments have often been found unsatisfactory in the past. In the time of Galileo it was argued that the texts, "And the sun stood still ... and hasted not to go down about a whole day" (Joshua x. 13) and "He laid the foundations of the earth, [444] that it should not move at any time" (Psalm cv. 5) were an adequate refutation of the Copernican theory. With our present knowledge such an argument appears futile. When that knowledge was not available it made a quite different impression.

(2) *The 'Heads in the Sand' Objection.* "The consequences of machines thinking would be too dreadful. Let us hope and believe that they cannot do so."

This argument is seldom expressed quite so openly as in the form above. But it affects most of us who think about it at all. We like to believe that Man is in some subtle way superior to the rest of creation. It is best if he can be shown to be *necessarily* superior, for then there is no danger of him losing his commanding position. The popularity of the theological argument is clearly connected with this feeling. It is likely to be quite strong in intellectual people, since they value the power of thinking more highly than others,

derzeugung tun: Vielmehr sind wir in beiden Fällen Instrumente seines Willens und stellen für die von Gott erschaffenen Seelen eine Behausung bereit.

Dies ist jedoch bloße Spekulation. Ich bin nicht sehr beeindruckt von theologischen Argumenten, was auch immer sie stützen mögen. Solche Argumente haben sich in der Vergangenheit oft als unbefriedigend erwiesen. Zu Galileis Zeiten wurde argumentiert, dass die Bibelstellen »Da stand die Sonne [...] still [...] und verzog unterzugehen beinahe einen ganzen Tag« (Josua 10,13) sowie »der du das Erdreich gegründet hast auf seinen Boden, [444] dass es bleibt immer und ewiglich« (Psalm 104,5) eine adäquate Widerlegung der Kopernikanischen Theorie darstellen. Mit unserem gegenwärtigen Wissen erscheint ein solches Argument nichtig. Als dieses Wissen noch nicht vorhanden war, hinterließ es einen ganz anderen Eindruck.

(2) *Der Vogel-Strauß-Einwand.* »Die Konsequenzen, die denkende Maschinen mit sich bringen, wären zu schrecklich. Wir wollen hoffen und glauben, dass sie nicht denken können.«

Dieses Argument wird selten so offen ausgesprochen. Doch bewegt es die meisten von uns, die überhaupt über das Problem nachdenken. Wir möchten gerne glauben, dass der Mensch in irgendeiner subtilen Weise der übrigen Schöpfung überlegen sei. Am besten wäre es, man könnte zeigen, dass er *notwendigerweise* überlegen ist, denn dann besteht für ihn keine Gefahr mehr, dass er seine beherrschende Rolle verliert. Die Beliebtheit des theologischen Arguments ist eindeutig mit diesem Gefühl verbunden. Wahrscheinlich ist es bei Intellektuellen sehr stark ausgeprägt, da sie die Kraft des Denkens weit höher bewerten als

and are more inclined to base their belief in the superiority of Man on this power.

I do not think that this argument is sufficiently substantial to require refutation. Consolation would be more appropriate: perhaps this should be sought in the transmigration of souls.

(3) *The Mathematical Objection*. There are a number of results of mathematical logic which can be used to show that there are limitations to the powers of discrete-state machines. The best known of these results is known as Gödel's theorem,[2] and shows that in any sufficiently powerful logical system statements can be formulated which can neither be proved nor disproved within the system, unless possibly the system itself is inconsistent. There are other, in some respects similar, results due to *Church*, *Kleene*, *Rosser*, and *Turing*. The latter result is the most convenient to consider, since it refers directly to machines, whereas the others can only be used in a comparatively indirect argument: for instance if Gödel's theorem is to be used we need in addition to have some means of describing logical systems in terms of machines, and machines in terms of logical systems. The result in question refers to a type of machine which is essentially a digital computer with an infinite capacity. It states that there are certain things that such a machine cannot do. If it is rigged up to give answers to questions as in the imitation game, there

2 Author's names in italics refer to the Bibliography.

andere, und mehr dazu geneigt sind, ihren Glauben an die Überlegenheit des Menschen auf jene Kraft zu gründen.

Ich halte dieses Argument für zu unwesentlich, als dass es der Widerlegung bedürfte. Trost wäre angebrachter: Vielleicht sollte man ihn in der Seelenwanderung suchen.

(3) *Der mathematische Einwand.* Es gibt in der mathematischen Logik eine Reihe von Ergebnissen, mit deren Hilfe man zeigen kann, dass die Fähigkeiten von Maschinen mit diskreten Zuständen beschränkt sind. Das bekannteste dieser Ergebnisse ist das Gödel'sche Theorem[2] (Gödel 1931). Demnach können in jedem hinreichend mächtigen logischen System Sätze formuliert werden, die innerhalb des Systems weder bewiesen noch widerlegt werden können, es sei denn womöglich, das System selbst ist inkonsistent. Es gibt andere, in gewisser Hinsicht ähnliche Ergebnisse von *Church* (1936), *Kleene* (1936), *Rosser* und *Turing* (1936/37). Letzteres ist für unsere Zwecke am geeignetsten, da es sich direkt auf Maschinen bezieht, wohingegen sich die anderen nur für ein vergleichsweise indirektes Argument verwenden lassen: Wenn z. B. das Gödel'sche Theorem angewendet werden soll, müssen wir zusätzlich noch in der Lage sein, logische Systeme durch Maschinen und umgekehrt Maschinen durch logische Systeme zu beschreiben. Turings (1936/37) Ergebnis hingegen bezieht sich auf eine Art Maschine, die im Wesentlichen ein digitaler Rechner mit unendlichem Speicher ist. Es besagt, dass es eine Reihe von Dingen gibt, die eine solche Maschine nicht tun kann. Sollte sie so aufgemotzt werden, dass sie wie im Imitations-

2 Die kursiven Namen der Autoren beziehen sich auf die Literatur (s. S. 107).

will be some questions to which it will either give a wrong answer, or fail to give an answer at all however much time is allowed for a reply. There may, of course, be many such questions, and questions which cannot be answered by one machine may be satisfactorily [445] answered by another. We are of course supposing for the present that the questions are of the kind to which an answer 'Yes' or 'No' is appropriate, rather than questions such as 'What do you think of Picasso?' The questions that we know the machines must fail on are of this type, "Consider the machine specified as follows. … Will this machine ever answer 'Yes' to any question?" The dots are to be replaced by a description of some machine in a standard form, which could be something like that used in § 5. When the machine described bears a certain comparatively simple relation to the machine which is under interrogation, it can be shown that the answer is either wrong or not forthcoming. This is the mathematical result: it is argued that it proves a disability of machines to which the human intellect is not subject.

The short answer to this argument is that although it is established that there are limitations to the powers of any particular machine, it has only been stated, without any sort of proof, that no such limitations apply to the human intellect. But I do not think this view can be dismissed quite so lightly. Whenever one of these machines is asked the appropriate critical question, and gives a definite answer, we know that this answer must be wrong, and this gives us a certain feeling of superiority. Is this feeling illu-

spiel Fragen beantworten kann, wird es einige Fragen geben, die sie entweder falsch oder überhaupt nicht beantwortet, egal wie viel Zeit man ihr lässt. Es mag freilich viele solcher Fragen geben, und Fragen, die von einer Maschine nicht beantwortet werden können, mag eine andere zufriedenstellend [445] beantworten. Im Moment gehen wir natürlich davon aus, dass nur solche Fragen gestellt werden, die sich mit »Ja« oder »Nein« beantworten lassen, und nicht Fragen wie »Was halten Sie von Picasso?«. Fragen, von denen wir wissen, dass die Maschine versagt, sind von folgender Art: »Betrachte die wie folgt beschriebene Maschine ... Wird diese Maschine jemals mit ›Ja‹ auf eine Frage antworten?« Die drei Punkte sind durch die Beschreibung irgendeiner Maschine in Standardform zu ersetzen, wie sie z. B. in Abschnitt 5 verwendet wurde. Steht die beschriebene Maschine in einer gewissen, verhältnismäßig einfachen Beziehung zu der befragten Maschine, so lässt sich zeigen, dass diese entweder falsch oder gar nicht antwortet. Das ist das mathematische Ergebnis: Von diesem wird behauptet, dass es eine Unfähigkeit von Maschinen beweist, die den menschlichen Verstand nicht betrifft.

Die kurze Antwort auf diesen Einwand lautet wie folgt: Es wurde zwar gezeigt, dass jede spezifische Maschine in ihren Fähigkeiten eingeschränkt ist, doch es wurde nur behauptet, und zwar ohne jeden Beweis, dass derartige Einschränkungen für den menschlichen Verstand nicht gelten. Aber ich glaube nicht, dass dieser Einwand so leicht abgetan werden kann. Wann immer einer dieser Maschinen die passende kritische Frage gestellt wird und sie eine definite Antwort gibt, wissen wir, dass diese falsch sein muss, und das gibt uns ein gewisses Gefühl der Überlegenheit. Ist die-

sory? It is no doubt quite genuine, but I do not think too much importance should be attached to it. We too often give wrong answers to questions ourselves to be justified in being very pleased at such evidence of fallibility on the part of the machines. Further, our superiority can only be felt on such an occasion in relation to the one machine over which we have scored our petty triumph. There would be no question of triumphing simultaneously over *all* machines. In short, then, there might be men cleverer than any given machine, but then again there might be other machines cleverer again, and so on.

Those who hold to the mathematical argument would, I think, mostly be willing to accept the imitation game as a basis for discussion. Those who believe in the two previous objections would probably not be interested in any criteria.

(4) *The Argument from Consciousness.* This argument is very well expressed in *Professor Jefferson's* Lister Oration for 1949, from which I quote. "Not until a machine can write a sonnet or compose a concerto because of thoughts and emotions felt, and not by the chance fall of symbols, could we agree that machine equals brain – that is, not only write it but know that it had written it. No mechanism could feel (and not merely [446] artificially signal, an easy contrivance) pleasure at its successes, grief when its valves fuse, be warmed by flattery, be made miserable by its mis-

ses Gefühl trügerisch? Es ist ohne Zweifel vollkommen echt, doch ich denke nicht, dass man ihm eine zu große Bedeutung beimessen sollte. Wir selbst beantworten Fragen zu oft falsch, als dass unsere Freude über den Nachweis der Fehlbarkeit von Maschinen gerechtfertigt wäre. Weiterhin können wir unsere Überlegenheit in einem solchen Fall nur gegenüber der einen Maschine empfinden, über die wir unseren belanglosen Sieg errungen haben. Von einem gleichzeitigen Sieg über *alle* Maschinen kann aber keine Rede sein. Kurz gesagt: Es mag Menschen geben, die klüger sind als jede vorliegende Maschine, doch dann könnte es wiederum andere Maschinen geben, die noch klüger sind usw.

Diejenigen, die den mathematischen Einwand vorbringen, wären, so vermute ich, überwiegend bereit, das Imitationsspiel als Diskussionsgrundlage zu akzeptieren. Wer hingegen an die beiden vorhergehenden Einwände glaubt, wird an Kriterien wahrscheinlich überhaupt nicht interessiert sein.

(4) *Das Bewusstseinsargument.* Dieses Argument kommt vorzüglich in *Professor Jeffersons* Lister-Rede aus dem Jahr 1949 zum Ausdruck, aus der ich zitiere: »Erst wenn eine Maschine ein Sonett schreiben oder ein Konzert komponieren kann, und zwar aus Gedanken und gefühlten Emotionen heraus und nicht als zufällige Anhäufung von Symbolen, können wir uns darauf einigen, dass Maschine gleich Gehirn ist – es also nicht nur schreibt, sondern auch weiß, dass sie es geschrieben hat. Kein Mechanismus kann angesichts seiner Erfolge ein Gefühl der Freude empfinden (und nicht nur [446] künstlich signalisieren, was ein fauler Trick wäre), Kummer empfinden, wenn seine Röhren durchbrennen, sich an Schmeicheleien erwärmen, wegen seiner

takes, be charmed by sex, be angry or depressed when it cannot get what it wants."

This argument appears to be a denial of the validity of our test. According to the most extreme form of this view the only way by which one could be sure that a machine thinks is to *be* the machine and to feel oneself thinking. One could then describe these feelings to the world, but of course no one would be justified in taking any notice. Likewise according to this view the only way to know that a *man* thinks is to be that particular man. It is in fact the solipsist point of view. It may be the most logical view to hold but it makes communication of ideas difficult. A is liable to believe 'A thinks but B does not' whilst B believes 'B thinks but A does not'. Instead of arguing continually over this point it is usual to have the polite convention that everyone thinks.

I am sure that Professor Jefferson does not wish to adopt the extreme and solipsist point of view. Probably he would be quite willing to accept the imitation game as a test. The game (with the player B omitted) is frequently used in practice under the name of *viva voce* to discover whether someone really understands something or has 'learnt it parrot fashion'. Let us listen in to a part of such a *viva voce*:

Interrogator: In the first line of your sonnet which reads 'Shall I compare thee to a summer's day', would not 'a spring day' do as well or better?

Fehler trübselig, von Sex angetan, wegen unerfüllter Wünsche zornig oder niedergeschlagen sein.«

Dieses Argument scheint schlicht und einfach die Gültigkeit unseres Tests zu bestreiten. Gemäß der drastischsten Form dieser Ansicht könnte man nur dann wirklich sicher sein, dass eine Maschine denkt, wenn man selbst diese Maschine *wäre* und fühlt, dass man denkt. Man könnte diese Gefühle dann der Welt mitteilen, doch wäre natürlich niemand gerechtfertigt, dem irgendeine Bedeutung beizumessen. Ebenso kann man gemäß dieser Ansicht nur dann wissen, dass ein *Mensch* denkt, wenn man genau dieser Mensch ist. Genau genommen läuft das auf einen Solipsismus hinaus. Sich auf einen solipsistischen Standpunkt zu stellen, mag am logischsten sein, macht jedoch einen Gedankenaustausch schwierig. A wird glauben: »A denkt, aber B nicht«, während B glaubt: »B denkt, aber A nicht«. Statt fortwährend über diesen Punkt zu streiten, ist es üblich, die höfliche Übereinkunft zu treffen, dass jeder denkt.

Ich bin sicher, dass sich Professor Jefferson die drastische und solipsistische Ansicht nicht zu eigen machen möchte. Wahrscheinlich wäre er durchaus willens, das Imitationsspiel als Test zu akzeptieren. Unter dem Namen *viva voce* wird dieses Spiel (bei dem man den Spieler B weglässt) in der Praxis verwendet, um herauszufinden, ob jemand etwas wirklich verstanden hat oder nur Gelerntes nachplappert. Schauen wir uns einmal einen Auszug aus einem solchen *viva voce* an:

Fragesteller: In der ersten Zeile Ihres Sonetts steht »Soll ich dich mit einem Sommertag vergleichen«. Würde nicht »Tag im Frühling« genauso gut oder besser passen?

Witness: It wouldn't scan.
Interrogator: How about 'a winter's day,' That would scan all right.
Witness: Yes, but nobody wants to be compared to a winter's day.
Interrogator: Would you say Mr. Pickwick reminded you of Christmas?
Witness: In a way.
Interrogator: Yet Christmas is a winter's day, and I do not think Mr. Pickwick would mind the comparison.
Witness: I don't think you're serious. By a winter's day one means a typical winter's day, rather than a special one like Christmas.

And so on. What would Professor Jefferson say if the sonnet-writing machine was able to answer like this in the *viva voce*? I do not know whether he would regard the machine as 'merely [447] artificially signalling' these answers, but if the answers were as satisfactory and sustained as in the above passage I do not think he would describe it as 'an easy contrivance'. This phrase is, I think, intended to cover such devices as the inclusion in the machine of a record of someone reading a sonnet, with appropriate switching to turn it on from time to time.

In short then, I think that most of those who support the argument from consciousness could be persuaded to abandon it rather than be forced into the solipsist position. They will then probably be willing to accept our test.

Teilnehmer: Es hätte nicht das richtige Versmaß.

Fragesteller: Wie wäre es mit »Wintertag«? Das hätte das richtige Versmaß.

Teilnehmer: Schon. Aber niemand möchte mit einem Wintertag verglichen werden.

Fragesteller: Würden Sie sagen, dass Herr Pickwick Sie an Weihnachten erinnert?

Teilnehmer: In gewisser Weise.

Fragesteller: Weihnachten fällt aber auf einen Wintertag, und ich glaube nicht, dass Herr Pickwick sich an einem Vergleich stören würde.

Teilnehmer: Ich glaube nicht, dass Sie das ernst meinen. Unter einem Wintertag versteht man einen typischen Wintertag, und nicht einen speziellen wie Weihnachten.

Und so weiter. Was würde Professor Jefferson sagen, wenn die Sonett-schreibende Maschine in der Lage wäre, beim *viva voce* in dieser Weise zu antworten? Ich weiß nicht, ob er der Ansicht wäre, dass die Maschine diese Antworten »nur [447] künstlich signalisiert«; doch wenn die Antworten durchgehend so zufriedenstellend erfolgen wie oben, denke ich nicht, dass er das als »faulen Trick« bezeichnen würde. Ich denke, der Ausdruck soll sich auf Vorrichtungen in einer Maschine beziehen, von denen beispielsweise zu angemessener Zeit die Aufzeichnung eines Sonetts abgespielt werden kann.

Kurz gesagt bin ich der Meinung, dass die Mehrzahl derer, die das Bewusstseinsargument verfechten, eher überzeugt werden könnten, es aufzugeben, als sich in eine solipsistische Position drängen zu lassen. Wahrscheinlich wären sie dann bereit, unseren Test zu akzeptieren.

I do not wish to give the impression that I think there is no mystery about consciousness. There is, for instance, something of a paradox connected with any attempt to localise it. But I do not think these mysteries necessarily need to be solved before we can answer the question with which we are concerned in this paper.

(5) Arguments from Various Disabilities. These arguments take the form, "I grant you that you can make machines do all the things you have mentioned but you will never be able to make one to do X". Numerous features X are suggested in this connexion. I offer a selection:

> Be kind, resourceful, beautiful, friendly (p. 448), have initiative, have a sense of humour, tell right from wrong, make mistakes (p. 448), fall in love, enjoy strawberries and cream (p. 448), make some one fall in love with it, learn from experience (pp. 456 f.), use words properly, be the subject of its own thought (p. 449), have as much diversity of behaviour as a man, do something really new (p. 450). (Some of these disabilities are given special consideration as indicated by the page numbers.)

No support is usually offered for these statements. I believe they are mostly founded on the principle of scientific induction. A man has seen thousands of machines in his lifetime. From what he sees of them he draws a number of

Ich möchte nicht den Eindruck erwecken, als hätte Bewusstsein für mich nichts Mysteriöses. Zum Beispiel tritt im Zusammenhang mit jedem Versuch, es zu verorten, eine Art Paradoxon auf. Aber ich glaube nicht, dass wir diese Rätsel zwangsläufig lösen müssen, bevor wir die Frage beantworten können, um die es uns in dieser Arbeit geht.

(5) *Argumente bezüglich verschiedener Unfähigkeiten.* Diese Argumente sind von folgender Form: »Ich gestehe Ihnen zu, dass Sie Maschinen dazu bringen können, all das zu tun, was Sie erwähnt haben. Doch werden Sie niemals in der Lage sein, eine Maschine dazu zu bringen, X zu tun.« Für X werden in diesem Zusammenhang verschiedene Merkmale vorgeschlagen. Hier ist eine Auswahl:

> Lieb, einfallsreich, schön, freundlich sein (S. 61 [448]), Initiative zeigen, einen Sinn für Humor haben, Richtiges von Falschem unterscheiden, Fehler machen (S. 61 [448]), sich verlieben, Erdbeeren mit Schlagsahne genießen (S. 61 [448]), jemanden in sich verliebt machen, aus Erfahrung lernen (S. 89 f. [456 f.]), Wörter richtig gebrauchen, Gegenstand seiner eigenen Gedanken sein (S. 65 [449]), über ebenso vielfältige Verhaltensweisen wie ein Mensch verfügen, etwas wirklich Neues tun (S. 69 [450]). (Auf einige dieser Unfähigkeiten wird auf den genannten Seiten näher eingegangen.)

Gewöhnlich werden solche Feststellungen durch nichts untermauert. Meiner Meinung nach basieren sie größtenteils auf dem Prinzip wissenschaftlicher Induktion. Ein Mensch sieht im Laufe seines Lebens Tausende von Maschinen. Aus dem, was er von ihnen wahrnimmt, zieht er

general conclusions. They are ugly, each is designed for a very limited purpose, when required for a minutely different purpose they are useless, the variety of behaviour of any one of them is very small, etc., etc. Naturally he concludes that these are necessary properties of machines in general. Many of these limitations are associated with the very small storage capacity of most machines. (I am assuming that the idea of storage capacity is extended in some way to cover machines other than discrete-state machines. [448] The exact definition does not matter as no mathematical accuracy is claimed in the present discussion.) A few years ago, when very little had been heard of digital computers, it was possible to elicit much incredulity concerning them, if one mentioned their properties without describing their construction. That was presumably due to a similar application of the principle of scientific induction. These applications of the principle are of course largely unconscious. When a burnt child fears the fire and shows that he fears it by avoiding it, I should say that he was applying scientific induction. (I could of course also describe his behaviour in many other ways.) The works and customs of mankind do not seem to be very suitable material to which to apply scientific induction. A very large part of space-time must be investigated, if reliable results are to

eine Reihe allgemeiner Schlüsse. Sie sind hässlich, jede ist für einen eng umrissenen Zweck konstruiert und nutzlos, wenn sie für einen geringfügig abgeänderten Verwendungszweck herangezogen wird, die Vielfalt der Verhaltensweisen einer jeden von ihnen ist gering usw., usw. Es ist nur natürlich, wenn er daraus schließt, dass es sich hierbei um notwendige Eigenschaften von Maschinen im Allgemeinen handelt. Viele dieser Einschränkungen hängen mit der sehr geringen Speicherkapazität der meisten Maschinen zusammen. (Ich setze voraus, dass sich der Begriff der Speicherkapazität in irgendeiner Weise auch auf andere Maschinen als solche mit diskreten Zuständen [448] anwenden lässt. Auf die exakte Definition dieses Begriffs kommt es hier nicht an, da im vorliegenden Zusammenhang kein Anspruch auf mathematische Genauigkeit erhoben wird.) Vor ein paar Jahren, als man noch sehr wenig von digitalen Rechnern gehört hatte, konnte man eine gute Portion Ungläubigkeit hervorrufen, wenn man ihre Eigenschaften erwähnte, ohne ihre Konstruktion zu beschreiben. Vermutlich war dies in ähnlicher Weise der Anwendung des Prinzips der wissenschaftlichen Induktion geschuldet. Diese Anwendungen des Prinzips erfolgen natürlich weitgehend unbewusst. Wenn ein gebranntes Kind das Feuer scheut und seine Angst dadurch zum Ausdruck bringt, dass es das Feuer meidet, würde ich sagen, dass es wissenschaftliche Induktion anwendet. (Ich könnte sein Verhalten natürlich auch auf manch andere Weise beschreiben.) Das Tun und die Gepflogenheiten der Menschen scheinen als Gegenstand wissenschaftlicher Induktion allerdings nicht besonders gut geeignet zu sein. Um zuverlässige Resultate zu erhalten, müsste ein sehr großer

be obtained. Otherwise we may (as most English children do) decide that everybody speaks English, and that it is silly to learn French.

There are, however, special remarks to be made about many of the disabilities that have been mentioned. The inability to enjoy strawberries and cream may have struck the reader as frivolous. Possibly a machine might be made to enjoy this delicious dish, but any attempt to make one do so would be idiotic. What is important about this disability is that it contributes to some of the other disabilities, *e.g.* to the difficulty of the same kind of friendliness occurring between man and machine as between white man and white man, or between black man and black man.

The claim that "machines cannot make mistakes" seems a curious one. One is tempted to retort, "Are they any the worse for that?" But let us adopt a more sympathetic attitude, and try to see what is really meant. I think this criticism can be explained in terms of the imitation game. It is claimed that the interrogator could distinguish the machine from the man simply by setting them a number of problems in arithmetic. The machine would be unmasked because of its deadly accuracy. The reply to this is simple. The machine (programmed for playing the game) would not attempt to give the *right* answers to the arithmetic problems. It would deliberately introduce mistakes in a manner calculated to confuse the interrogator. A mechanical fault would

Teil der Raum-Zeit untersucht werden. Andernfalls könnten wir (wie die meisten englischen Kinder) zu dem Schluss kommen, dass alle Englisch sprechen und es töricht sei, Französisch zu lernen.

Zu vielen der erwähnten Unfähigkeiten sind jedoch ein paar spezielle Bemerkungen angebracht. Die Unfähigkeit, Erdbeeren mit Schlagsahne zu genießen, mag der Leser als albern empfunden haben. Möglicherweise könnte man eine Maschine dazu bringen, sich an dieser köstlichen Speise zu erfreuen, doch jeder Versuch, dies zu tun, wäre idiotisch. Das Wesentliche an dieser Unfähigkeit besteht jedoch darin, dass sie auch bei einigen der anderen Unfähigkeiten sichtbar wird, z. B. bei der Schwierigkeit, zwischen Mensch und Maschine eine ähnliche Art von Freundlichkeit entstehen zu lassen, wie es sie jeweils unter Weißen oder unter Schwarzen gibt.

Der Einwand, »Maschinen können keine Fehler machen«, scheint seltsam. Man ist versucht zu erwidern: »Sind sie deswegen schlechter?« Seien wir jedoch wohlwollend und versuchen wir zu verstehen, was wirklich gemeint ist. Meiner Meinung nach lässt sich dieser Einwand anhand des Imitationsspiels erläutern. Es wird behauptet, dass der Fragesteller die Maschine vom Menschen einfach dadurch unterscheiden kann, dass er beiden einige Rechenaufgaben vorlegt. Die Maschine würde aufgrund ihrer gnadenlosen Genauigkeit auffliegen. Hierauf gibt es eine einfache Erwiderung. Die (für das Spiel programmierte) Maschine würde gar nicht versuchen, die Rechenaufgaben *richtig* zu beantworten. Sie würde vielmehr absichtlich Fehler einbauen, die darauf abzielen, den Fragesteller zu verwirren. Ein mechanisches Versagen würde sich zwar wahrscheinlich in ei-

probably show itself through an unsuitable decision as to what sort of a mistake to make in the arithmetic. Even this interpretation of the criticism is not sufficiently sympathetic. But we cannot afford the space to go into it much further. It seems to me that this criticism depends [449] on a confusion between two kinds of mistake. We may call them 'errors of functioning' and 'errors of conclusion'. Errors of functioning are due to some mechanical or electrical fault which causes the machine to behave otherwise than it was designed to do. In philosophical discussions one likes to ignore the possibility of such errors; one is therefore discussing 'abstract machines'. These abstract machines are mathematical fictions rather than physical objects. By definition they are incapable of errors of functioning. In this sense we can truly say that 'machines can never make mistakes'. Errors of conclusion can only arise when some meaning is attached to the output signals from the machine. The machine might, for instance, type out mathematical equations, or sentences in English. When a false proposition is typed we say that the machine has committed an error of conclusion. There is clearly no reason at all for saying that a machine cannot make this kind of mistake. It might do nothing but type out repeatedly '0 = 1'. To take a less perverse example, it might have some method for drawing conclusions by scientific induction. We must expect such a method to lead occasionally to erroneous results.

ner unpassenden Entscheidung darüber äußern, welche Art von Fehler beim Rechnen zu machen wäre. Selbst diese Auslegung der Kritik ist jedoch nicht wohlwollend genug. Aus Platzgründen können wir dieses Thema aber nicht weiter vertiefen. Mir scheint, dass diese Kritik auf der Verwechslung von zwei Arten von Fehlern [449] beruht. Wir können sie als »Funktionsfehler« und »Fehlschlüsse« bezeichnen. Funktionsfehler werden durch ein mechanisches oder elektrisches Versagen hervorgerufen, das dazu führt, dass sich die Maschine nicht wie geplant verhält. Bei philosophischen Diskussionen ignoriert man die Möglichkeit solcher Fehler gerne und diskutiert daher lieber über »abstrakte Maschinen«. Bei diesen abstrakten Maschinen handelt es sich eher um mathematische Konstrukte als um physikalische Objekte. Als solche sind sie per definitionem nicht fähig zu Funktionsfehlern. In diesem Sinne lässt sich in der Tat sagen, dass »Maschinen nie Fehler machen können«. Fehlschlüsse können nur dann auftreten, wenn den Ausgabesignalen der Maschine eine gewisse Bedeutung beigemessen wird. Die Maschine könnte z. B. mathematische Gleichungen oder Sätze auf Englisch ausgeben. Wenn eine falsche Behauptung ausgegeben wird, sagen wir, die Maschine habe einen Fehlschluss begangen. Es gibt klarerweise keinen Grund zu behaupten, eine Maschine könne keine derartigen Fehler machen. Sie könnte beispielsweise fortwährend »0 = 1« ausgeben. Oder um ein weniger abwegiges Beispiel zu bemühen: Sie könnte eine bestimmte Methode haben, um auf der Basis wissenschaftlicher Induktion Schlüsse zu ziehen. Wir müssen erwarten, dass eine solche Methode gelegentlich zu fehlerhaften Ergebnissen führt.

The claim that a machine cannot be the subject of its own thought can of course only be answered if it can be shown that the machine has *some* thought with *some* subject matter. Nevertheless, 'the subject matter of a machine's operations' does seem to mean something, at least to the people who deal with it. If, for instance, the machine was trying to find a solution of the equation $x^2 - 40x - 11 = 0$ one would be tempted to describe this equation as part of the machine's subject matter at that moment. In this sort of sense a machine undoubtedly can be its own subject matter. It may be used to help in making up its own programmes, or to predict the effect of alterations in its own structure. By observing the results of its own behaviour it can modify its own programmes so as to achieve some purpose more effectively. These are possibilities of the near future, rather than Utopian dreams.

The criticism that a machine cannot have much diversity of behaviour is just a way of saying that it cannot have much storage capacity. Until fairly recently a storage capacity of even a thousand digits was very rare.

The criticisms that we are considering here are often disguised forms of the argument from consciousness. Usually if one maintains that a machine *can* do one of these things, and describes the kind of method that the machine could use, one will not make [450] much of an impression. It is

Der Behauptung, eine Maschine könne nicht Gegenstand ihrer eigenen Gedanken sein, lässt sich natürlich nur dann begegnen, wenn gezeigt werden kann, dass sich die Maschine überhaupt *irgendwelche* Gedanken über *irgendeinen* Gegenstand macht. »Der Gegenstand der Operationen einer Maschine« scheint auf jeden Fall etwas zu bedeuten, zumindest für diejenigen, die sich mit ihr beschäftigen. Würde die Maschine z. B. nach einer Lösung der Gleichung $x^2 - 40x - 11 = 0$ suchen, so wäre man versucht, diese Gleichung als Teil dessen anzusehen, was momentan Gegenstand der Maschine ist. In diesem Sinn kann eine Maschine zweifellos sich selbst zum Gegenstand haben. Sie kann verwendet werden, um bei der Erstellung ihrer eigenen Programme zu helfen oder um die Auswirkungen von Änderungen in ihrer Struktur vorherzusagen. Indem sie die Ergebnisse ihres eigenen Verhaltens beobachtet, ist sie in der Lage, ihre Programme so zu modifizieren, dass sie ein bestimmtes Ziel effizienter erreicht. Das sind mögliche Entwicklungen in der nahen Zukunft, keine utopischen Träume.

Der Einwand, eine Maschine weise in ihrem Verhalten keine große Vielfalt auf, besagt im Grunde nur, dass sie keine große Speicherkapazität haben kann. Bis vor kurzem war selbst eine Speicherkapazität von tausend Ziffern sehr selten.

Die hier betrachteten Kritikpunkte stellen oft verkappte Formen des Bewusstseinsarguments dar. Wenn man behauptet, dass eine Maschine eines dieser Dinge tun *kann*, und die Art der Methode beschreibt, die die Maschine dabei anwenden könnte, wird man gewöhnlich wenig Eindruck machen [450]. Es wird angenommen, dass die Metho-

thought that the method (whatever it may be, for it must be mechanical) is really rather base. Compare the parenthesis in Jefferson's statement quoted on p. 21.

(6) *Lady Lovelace's Objection.* Our most detailed information of Babbage's Analytical Engine comes from a memoir by *Lady Lovelace.* In it she states, "The Analytical Engine has no pretensions to *originate* anything. It can do *whatever we know how to order it* to perform" (her italics). This statement is quoted by *Hartree* (p. 70) who adds: "This does not imply that it may not be possible to construct electronic equipment which will 'think for itself', or in which, in biological terms, one could set up a conditioned reflex, which would serve as a basis for 'learning'. Whether this is possible in principle or not is a stimulating and exciting question, suggested by some of these recent developments. But it did not seem that the machines constructed or projected at the time had this property".

I am in thorough agreement with Hartree over this. It will be noticed that he does not assert that the machines in question had not got the property, but rather that the evidence available to Lady Lovelace did not encourage her to believe that they had it. It is quite possible that the machines in question had in a sense got this property. For suppose that some discrete-state machine has the property. The Analytical Engine was a universal digital computer, so that, if its storage capacity and speed were adequate, it

de ziemlich primitiv sein muss (schließlich muss sie ja, unabhängig davon, worin sie besteht, mechanisch sein). Man vergleiche die Klammerbemerkung in der Feststellung Jeffersons auf Seite 51 [445 f.].

(6) *Lady Lovelaces Einwand.* Die detailliertesten Informationen über Babbages Analytische Maschine stammen aus einer Schrift von *Lady Lovelace.* Darin stellt sie fest: »Die Analytische Maschine erhebt keinen Anspruch, selbst irgendetwas zu *erzeugen. Solange wir die entsprechenden Befehle kennen,* kann sie alles tun.« Diese Feststellung wird von *Hartree* (1949, S. 70) zitiert, der hinzufügt: »Hieraus folgt nicht, dass es nicht doch möglich sein könnte, elektronische Geräte zu konstruieren, die ›für sich selbst denken‹ werden oder in denen sich, biologisch ausgedrückt, ein konditionierter Reflex implementieren ließe, der als Grundlage eines ›Lernprozesses‹ dienen könnte. Ob dies grundsätzlich möglich ist, ist eine an- und aufregende Frage, die durch einige neuere Entwicklungen aufgeworfen wird. Es hatte jedoch nicht den Anschein, als verfügten die damals konstruierten oder geplanten Maschinen über diese Eigenschaft.«

Hierin stimme ich mit Hartree völlig überein. Es fällt auf, dass er nicht behauptet, die fraglichen Maschinen hätten die Eigenschaft nicht besessen; er sagt vielmehr, dass Lady Lovelace keine Veranlassung hatte zu glauben, sie hätten diese Eigenschaft. Es ist sehr gut möglich, dass die fraglichen Maschinen in einem gewissen Sinn diese Eigenschaft hatten. Angenommen, eine Maschine mit diskreten Zuständen besäße diese Eigenschaft: Da die Analytische Maschine ein universeller digitaler Rechner war, hätte sie bei geeigneter Speicherkapazität und Geschwindigkeit durch

could by suitable programming be made to mimic the machine in question. Probably this argument did not occur to the Countess or to Babbage. In any case there was no obligation on them to claim all that could be claimed.

This whole question will be considered again under the heading of learning machines.

A variant of Lady Lovelace's objection states that a machine can 'never do anything really new'. This may be parried for a moment with the saw, 'There is nothing new under the sun'. Who can be certain that 'original work' that he has done was not simply the growth of the seed planted in him by teaching, or the effect of following well-known general principles. A better variant of the objection says that a machine can never 'take us by surprise'. This statement is a more direct challenge and can be met directly. Machines take me by surprise with great frequency. This is largely because I do not do sufficient calculation to decide what to expect them to do, or rather because, although I do a calculation, I do it in a hurried, slipshod fashion, taking risks. Perhaps I say to myself, 'I suppose the voltage here ought to be the same as there: anyway let's assume it is'. [451] Naturally I am often wrong, and the result is a surprise for me for by the time the experiment is done these assumptions have been forgotten. These admissions lay me open to lectures on the subject of my vicious ways, but do

geeignete Programmierung in die Lage versetzt werden können, die uns interessierende Maschine nachzuahmen. Wahrscheinlich ist dieses Argument weder Lady Lovelace noch Herrn Babbage in den Sinn gekommen. Es bestand für sie ja aber auch keine Verpflichtung, alles zu behaupten, was sie zu Recht hätten behaupten können.

Dieser ganze Fragenkomplex wird im Abschnitt über lernende Maschinen erneut betrachtet werden.

Eine Variante des Einwands von Lady Lovelace besagt, dass eine Maschine »nie etwas wirklich Neues vollbringen kann«. Man kann diesem Einwand vorläufig mit der Redewendung »Es gibt nichts Neues unter der Sonne« entgegentreten. Wer kann sicher sein, dass das »Neue«, das er geleistet hat, nicht nur die Frucht seiner Vorbildung ist oder der Befolgung wohlbekannter allgemeiner Prinzipien entspringt? Eine bessere Variante des Einwands besagt, dass eine Maschine uns niemals »überraschen« kann. Diese Behauptung stellt eine konkretere Herausforderung dar, der man direkt begegnen kann. Maschinen überraschen mich immer wieder. Das liegt größtenteils daran, dass das, was ich an Berechnungen anstelle, nicht ausreicht, um mir darüber im Klaren zu sein, was von ihnen zu erwarten ist, oder vielmehr daran, dass meine Berechnungen übereilt und schludrig sind und ich damit Risiken in Kauf nehme. Ich sage mir vielleicht: »Ich schätze, die Spannung sollte hier dieselbe sein wie dort; nehmen wir einfach mal an, dass es so ist«. [451] Natürlich irre ich mich oft, und das Ergebnis überrascht mich, weil solche Annahmen gewöhnlich vergessen sind, wenn das Experiment durchgeführt wird. Diese Eingeständnisse bieten einen Angriffspunkt, mir Vorträge über mein verwerfliches Vorgehen zu halten, ziehen je-

not throw any doubt on my credibility when I testify to the surprises I experience.

I do not expect this reply to silence my critic. He will probably say that such surprises are due to some creative mental act on my part, and reflect no credit on the machine. This leads us back to the argument from consciousness, and far from the idea of surprise. It is a line of argument we must consider closed, but it is perhaps worth remarking that the appreciation of something as surprising requires as much of a 'creative mental act' whether the surprising event originates from a man, a book, a machine or anything else.

The view that machines cannot give rise to surprises is due, I believe, to a fallacy to which philosophers and mathematicians are particularly subject. This is the assumption that as soon as a fact is presented to a mind all consequences of that fact spring into the mind simultaneously with it. It is a very useful assumption under many circumstances, but one too easily forgets that it is false. A natural consequence of doing so is that one then assumes that there is no virtue in the mere working out of consequences from data and general principles.

(7) *Argument from Continuity in the Nervous System.* The nervous system is certainly not a discrete-state machine. A small error in the information about the size of a nervous impulse impinging on a neuron, may make a large difference to the size of the outgoing impulse. It may be ar-

doch nicht meine Glaubwürdigkeit in Zweifel, wenn ich von den Überraschungen berichte, die ich erlebe.

Ich erwarte nicht, dass diese Erwiderung meinen Kritiker zum Schweigen bringen wird. Er wird wahrscheinlich einwenden, dass solche Überraschungen auf irgendeinen kreativen mentalen Akt meinerseits und nicht auf eine Leistung der Maschine zurückzuführen seien. Dies führt uns wieder zum Bewusstseinsargument zurück und weit weg von der Frage nach der Überraschung. Diese Argumentationslinie müssen wir als abgeschlossen betrachten; doch verdient es vielleicht Beachtung, dass etwas überraschend zu finden gleich viel von einem »kreativen mentalen Akt« erfordert, ganz unabhängig davon, ob das überraschende Ereignis von einem Menschen, einem Buch, einer Maschine oder irgendetwas anderem stammt.

Die Ansicht, Maschinen könnten nicht Anlass zu Überraschungen geben, ist, so glaube ich, die Folge eines Irrtums, für den Philosophen und Mathematiker besonders anfällig sind. Er besteht in der Annahme, dass dann, wenn dem Geist eine Tatsache dargeboten wird, sich ihm damit zugleich alle Folgen dieser Tatsache offenbaren. Bei vielen Gelegenheiten ist das eine sehr nützliche Annahme, man vergisst jedoch zu leicht, dass sie falsch ist. Eine natürliche Folge davon wäre, dass man damit annimmt, dass es keinen Wert hat, bloß Folgerungen aus Daten und allgemeinen Prinzipien zu ziehen.

(7) *Das Argument der Stetigkeit des Nervensystems.* Das Nervensystem ist sicherlich keine Maschine mit diskreten Zuständen. Eine kleine Abweichung in der Größe eines Nervenimpulses, der eine Nervenzelle trifft, kann einen großen Unterschied in der Größe des austretenden Impulses

gued that, this being so, one cannot expect to be able to mimic the behaviour of the nervous system with a discrete-state system.

It is true that a discrete-state machine must be different from a continuous machine. But if we adhere to the conditions of the imitation game, the interrogator will not be able to take any advantage of this difference. The situation can be made clearer if we consider some other simpler continuous machine. A differential analyser will do very well. (A differential analyser is a certain kind of machine not of the discrete-state type used for some kinds of calculation.) Some of these provide their answers in a typed form, and so are suitable for taking part in the game. It would not be possible for a digital computer to predict exactly what answers the differential analyser would give to a problem, but it would be quite capable of giving the right sort of answer. For instance, if asked to give the value of π (actually about 3.1416) it would be reasonable [452] to choose at random between the values 3.12, 3.13, 3.14, 3.15, 3.16 with the probabilities of 0.05, 0.15, 0.55, 0.19, 0.06 (say). Under these circumstances it would be very difficult for the interrogator to distinguish the differential analyser from the digital computer.

(8) *The Argument from Informality of Behaviour.* It is not possible to produce a set of rules purporting to describe what a man should do in every conceivable set of circumstances. One might for instance have a rule that one is to stop when one sees a red traffic light, and to go if one sees a

bewirken. Es mag argumentiert werden, dass man unter diesen Umständen nicht erwarten könne, das Verhalten des Nervensystems durch ein System mit diskreten Zuständen nachahmen zu können.

Es stimmt, dass sich eine Maschine mit diskreten Zuständen von einer stetigen Maschine unterscheiden muss. Wenn wir uns aber an die Bedingungen des Imitationsspiels halten, wird der Fragesteller aus diesem Unterschied keinen Vorteil ziehen können. Die Situation lässt sich klarer darstellen, wenn wir eine andere, einfachere stetige Maschine betrachten. Ein Differenzialanalysator eignet sich hierfür sehr gut. (Ein Differenzialanalysator ist eine bestimmte Art von Maschine ohne diskrete Zustände, die für manche Berechnungen verwendet wird.) Einige von ihnen geben ihre Antworten in geschriebener Form und sind insofern geeignet, am Spiel teilzunehmen. Ein digitaler Rechner könnte zwar nicht genau vorhersagen, welche Antworten der Differenzialanalysator auf ein Problem geben wird, er könnte aber sehr wohl eine richtige Art von Antwort geben. Wenn man z. B. nach dem Wert von π fragt (ungefähr 3,1416), dann wäre es vernünftig, [452] zwischen den Zahlen 3,12; 3,13; 3,14; 3,15; 3,16 mit den Wahrscheinlichkeiten von, sagen wir, 0,05; 0,15; 0,55; 0,19; 0,06 eine Zufallswahl zu treffen. Unter diesen Umständen wäre es für den Fragesteller sehr schwierig, den Differenzialanalysator vom digitalen Rechner zu unterscheiden.

(8) *Der Einwand der Unmöglichkeit von Verhaltensregeln.* Es ist nicht möglich, eine Menge von Regeln zu erstellen, die beschreiben, was ein Mensch unter allen erdenklichen Umständen tun soll. Es mag z. B. eine Regel geben, dass man anhalten soll, wenn man eine rote Ampel sieht, und

green one, but what if by some fault both appear together? One may perhaps decide that it is safest to stop. But some further difficulty may well arise from this decision later. To attempt to provide rules of conduct to cover every eventuality, even those arising from traffic lights, appears to be impossible. With all this I agree.

From this it is argued that we cannot be machines. I shall try to reproduce the argument, but I fear I shall hardly do it justice. It seems to run something like this. 'If each man had a definite set of rules of conduct by which he regulated his life he would be no better than a machine. But there are no such rules, so men cannot be machines.' The undistributed middle is glaring. I do not think the argument is ever put quite like this, but I believe this is the argument used nevertheless. There may however be a certain confusion between 'rules of conduct' and 'laws of behaviour' to cloud the issue. By 'rules of conduct' I mean precepts such as 'Stop if you see red lights', on which one can act, and of which one can be conscious. By 'laws of behaviour' I mean laws of nature as applied to a man's body such as 'if you pinch him he will squeak'. If we substitute 'laws of behaviour which regulate his life' for 'laws of conduct by which he regulates his life' in the argument quoted the undistributed middle is no longer insuperable. For we believe that it

gehen soll, wenn man eine grüne sieht; was aber tun, wenn Rot und Grün infolge einer Störung gleichzeitig aufleuchten? Man könnte vielleicht entscheiden, dass anzuhalten am sichersten ist. Doch aus dieser Entscheidung könnten sich später durchaus weitere Schwierigkeiten ergeben. Es scheint unmöglich zu sein, für alle Eventualitäten Verhaltensregeln festzulegen, und sei es nur für jene, die bei Verkehrsampeln auftauchen. Mit alldem stimme ich überein.

Davon ausgehend wird dafür argumentiert, dass wir keine Maschinen sein können. Ich werde versuchen, diesen Einwand wiederzugeben, fürchte jedoch, dass ich ihm kaum gerecht werden kann. Er lautet etwa so: »Wenn jeder Mensch eine Menge eindeutiger Verhaltensregeln hätte, denen er in seinem Leben folgt, so wäre er nicht besser als eine Maschine. Es gibt aber keine solchen Regeln, also können Menschen keine Maschinen sein.« Ganz offensichtlich handelt es sich hierbei um einen Fehlschluss, bei dem der Mittelbegriff an nicht verteilten Positionen vorkommt. Ich glaube nicht, dass das Argument jemals so formuliert wird; aber ich glaube, dass es darauf hinausläuft. Jedoch könnte eine Verwechslung zwischen »Verhaltensregeln« und »Verhaltensgesetzen« die Sache verschleiern. Unter »Verhaltensregeln« verstehe ich Vorschriften, etwa »Halte bei Rot an«, nach denen man handeln und deren man sich bewusst sein kann. Unter »Verhaltensgesetzen« verstehe ich Naturgesetze, die den menschlichen Körper betreffen, etwa »Wenn du ihn zwickst, quietscht er«. Ersetzen wir im erwähnten Argument »Verhaltensregeln, denen er in seinem Leben folgt«, durch »Verhaltensgesetze, die sein Leben bestimmen«, ist das Problem des nicht verteilten Mittelbegriffs nicht mehr unüberwindlich. Denn wir halten es nicht

is not only true that being regulated by laws of behaviour implies being some sort of machine (though not necessarily a discrete-state machine), but that conversely being such a machine implies being regulated by such laws. However, we cannot so easily convince ourselves of the absence of complete laws of behaviour as of complete rules of conduct. The only way we know of for finding such laws is scientific observation, and we certainly know of no circumstances under which we could say, 'We have searched enough. There are no such laws.'

We can demonstrate more forcibly that any such statement would be unjustified. For suppose we could be sure of finding [453] such laws if they existed. Then given a discrete-state machine it should certainly be possible to discover by observation sufficient about it to predict its future behaviour, and this within a reasonable time, say a thousand years. But this does not seem to be the case. I have set up on the Manchester computer a small programme using only 1000 units of storage, whereby the machine supplied with one sixteen figure number replies with another within two seconds. I would defy anyone to learn from these replies sufficient about the programme to be able to predict any replies to untried values.

(9) *The Argument from Extra-Sensory Perception.* I assume that the reader is familiar with the idea of extra-sen-

nur für wahr, dass von Verhaltensgesetzen bestimmt zu werden impliziert, eine Art Maschine zu sein (wenn auch nicht notwendig eine Maschine mit diskreten Zuständen), sondern dass umgekehrt eine solche Maschine zu sein auch impliziert, von solchen Gesetzen bestimmt zu werden. Allerdings ist es schwerer, uns davon zu überzeugen, dass es keine vollständigen Verhaltensgesetze gibt, als uns davon zu überzeugen, dass es keine vollständigen Verhaltensregeln gibt. Die einzige uns bekannte Möglichkeit, solche Gesetze zu finden, besteht in wissenschaftlicher Beobachtung, und wir kennen sicher keine Umstände, unter denen wir behaupten könnten, »Wir haben genügend nachgeforscht. Es gibt keine derartigen Gesetze«.

Wir können noch zwingender zeigen, dass jede derartige Aussage ungerechtfertigt wäre. Nehmen wir an, wir könnten sicher sein, solche Gesetze zu finden, [453] wenn sie existieren. Dann sollte es bei einer Maschine mit diskreten Zuständen gewiss möglich sein, durch Beobachtung genügend über sie herauszufinden, um ihr zukünftiges Verhalten vorherzusagen, und zwar innerhalb einer vernünftigen Zeitspanne, sagen wir: innerhalb von tausend Jahren. Dies scheint jedoch nicht der Fall zu sein. Ich habe auf der Manchester-Maschine ein kurzes Programm mit nur 1000 Speichereinheiten eingerichtet; die Maschine antwortet nach Eingabe einer 16-stelligen Zahl innerhalb von zwei Sekunden mit einer anderen. Ich möchte denjenigen sehen, der aus diesen Antworten hinreichend viel über das Programm lernen kann, um jede Antwort auf nicht getestete Werte vorhersagen zu können.

(9) *Das Argument von der außersinnlichen Wahrnehmung*. Ich nehme an, dass der Leser vertraut ist mit der Vor-

sory perception, and the meaning of the four items of it, *viz.* telepathy, clairvoyance, precognition and psycho-kinesis. These disturbing phenomena seem to deny all our usual scientific ideas. How we should like to discredit them! Unfortunately the statistical evidence, at least for telepathy, is overwhelming. It is very difficult to rearrange one's ideas so as to fit these new facts in. Once one has accepted them it does not seem a very big step to believe in ghosts and bogies. The idea that our bodies move simply according to the known laws of physics, together with some others not yet discovered but somewhat similar, would be one of the first to go.

This argument is to my mind quite a strong one. One can say in reply that many scientific theories seem to remain workable in practice, in spite of clashing with E. S. P.; that in fact one can get along very nicely if one forgets about it. This is rather cold comfort, and one fears that thinking is just the kind of phenomenon where E. S. P. may be especially relevant.

A more specific argument based on E. S. P. might run as follows: "Let us play the imitation game, using as witnesses a man who is good as a telepathic receiver, and a digital computer. The interrogator can ask such questions as 'What suit does the card in my right hand belong to?' The

stellung außersinnlicher Wahrnehmung und der Bedeutung ihrer vier Erscheinungsformen, nämlich Telepathie, Hellsehen, Präkognition und Psychokinese. Diese verstörenden Phänomene scheinen allen unseren üblichen wissenschaftlichen Vorstellungen zu widersprechen. Wie gerne würden wir sie diskreditieren! Unglücklicherweise sind die statistischen Belege, zumindest für Telepathie, überwältigend. Es bereitet uns Schwierigkeiten, unsere Vorstellungen so zu verändern, dass diese neuen Tatsachen sich einpassen. Hat man diese jedoch erst einmal akzeptiert, so scheint es kein großer Schritt mehr zu sein, an Geister und Gespenster zu glauben. Die Vorstellung, dass unsere Körper sich nach bekannten physikalischen und anderen, bis jetzt noch unentdeckten, doch irgendwie ähnlichen Gesetzen bewegen, wäre eine der ersten Vorstellungen, die man aufgeben müsste.

Ich halte dieses Argument für sehr gewichtig. Als Erwiderung darauf kann man anführen, dass viele wissenschaftliche Theorien weiterhin praktikabel zu sein scheinen, obwohl sie im Widerspruch zu der außersinnlichen Wahrnehmung stehen; man kommt in der Tat sehr gut zurecht, wenn man sie vernachlässigt. Das ist ein ziemlich schwacher Trost, und es ist zu befürchten, dass Denken gerade die Art von Phänomen ist, bei der außersinnliche Wahrnehmung besonders relevant sein könnte.

Ein konkreteres Argument, das sich auf die Existenz außersinnlicher Wahrnehmung stützt, könnte folgendermaßen lauten: »Lass uns das Imitationsspiel mit einem Menschen, der als telepathischer Empfänger geeignet ist, sowie mit einem digitalen Rechner spielen. Der Fragesteller kann z. B. fragen: ›Zu welcher Farbe gehört die Karte in meiner

man by telepathy or clairvoyance gives the right answer 130 times out of 400 cards. The machine can only guess at random, and perhaps gets 104 right, so the interrogator makes the right identification." There is an interesting possibility which opens here. Suppose the digital computer contains a random number generator. Then it will be natural to use this to decide what answer to give. But then the random number generator will be subject to the psycho-kinetic powers of the interrogator. Perhaps this psycho-kinesis might cause the machine to guess right more often than would be expected on a probability calculation, so that the interrogator [454] might still be unable to make the right identification. On the other hand, he might be able to guess right without any questioning, by clairvoyance. With E. S. P. anything may happen.

If telepathy is admitted it will be necessary to tighten our test up. The situation could be regarded as analogous to that which would occur if the interrogator were talking to himself and one of the competitors was listening with his ear to the wall. To put the competitors into a 'telepathy-proof room' would satisfy all requirements.

rechten Hand?‹ Der Mensch gibt dank Telepathie oder Hellseherei bei 400 Karten 130-mal die richtige Antwort. Die Maschine kann nur raten und gibt vielleicht 104 richtige Antworten, so dass der Fragesteller die beiden Teilnehmer richtig identifiziert.« An dieser Stelle eröffnet sich jedoch eine interessante Möglichkeit. Angenommen, der digitale Rechner verfüge über einen Zufallszahlengenerator. In diesem Fall wäre es selbstverständlich, diesen zu verwenden, um zu entscheiden, welche Antwort zu geben ist. Der Zufallszahlengenerator wird nun aber von den psychokinetischen Kräften des Fragestellers beeinflusst. Möglicherweise könnten diese Kräfte die Maschine öfter richtig raten lassen, als dies bei einer Wahrscheinlichkeitsberechnung zu erwarten wäre, so dass der Fragesteller [454] immer noch nicht in der Lage sein könnte, die Teilnehmer richtig zu identifizieren. Allerdings könnte er auch ohne zu fragen in der Lage sein, richtig zu raten, und zwar durch Hellsehen. Bei außersinnlicher Wahrnehmung ist alles möglich.

Falls man Telepathie zulässt, müssten wir unseren Test verschärfen. Man könnte die Situation vergleichen mit einer Situation, bei der der Fragesteller laut denkt und ihn einer der Teilnehmer mit dem Ohr an der Wand belauscht. Alle Anforderungen ließen sich dann erfüllen, wenn man die Beteiligten jeweils in einen »telepathie-undurchlässigen Raum« brächte.

7. Learning Machines.

The reader will have anticipated that I have no very convincing arguments of a positive nature to support my views. If I had I should not have taken such pains to point out the fallacies in contrary views. Such evidence as I have I shall now give.

Let us return for a moment to Lady Lovelace's objection, which stated that the machine can only do what we tell it to do. One could say that a man can 'inject' an idea into the machine, and that it will respond to a certain extent and then drop into quiescence, like a piano string struck by a hammer. Another simile would be an atomic pile of less than critical size: an injected idea is to correspond to a neutron entering the pile from without. Each such neutron will cause a certain disturbance which eventually dies away. If, however, the size of the pile is sufficiently increased, the disturbance caused by such an incoming neutron will very likely go on and on increasing until the whole pile is destroyed. Is there a corresponding phenomenon for minds, and is there one for machines? There does seem to be one for the human mind. The majority of them seem to be 'sub-critical,' *i. e.*, to correspond in this analogy to piles of sub-critical size. An idea presented to such a mind will on average give rise to less than one idea in reply. A smallish proportion are su-

7. Lernende Maschinen.

Dem Leser wird sicher klar sein, dass ich über keine sehr triftigen Argumente positiver Art verfüge, um meine Ansichten zu stützen. Hätte ich welche, hätte ich mir nicht solche Mühe gegeben, die Fehlschlüsse herauszuarbeiten, die anderslautenden Ansichten zugrunde liegen. Was ich an Argumenten habe, werde ich nun anführen.

Kommen wir für einen Moment noch einmal auf Lady Lovelaces Einwand zurück, welcher besagte, dass die Maschine nur das tun kann, was wir ihr befehlen. Man könnte sagen, dass ein Mensch der Maschine eine Idee »injizieren« kann, und die Maschine in einem gewissen Umfang darauf reagiert und dann in den Ruhezustand verfällt, ähnlich wie eine von einem Hammer angeschlagene Klaviersaite. Ein weiterer Vergleich wäre ein Atomreaktorkern unterhalb der kritischen Größe: Die injizierte Idee entspräche einem Neutron, das von außen in den Reaktorkern eindringt. Jedes solche Neutron wird eine gewisse Störung verursachen, die schließlich abklingt. Wird der Reaktorkern jedoch hinreichend vergrößert, würde die durch das eingedrungene Neutron verursachte Störung prinzipiell immer weiter zunehmen bis schließlich der gesamte Reaktorkern zerstört wäre. Existiert ein entsprechendes Phänomen für den menschlichen Verstand sowie für Maschinen? Für den menschlichen Verstand scheint etwas Derartiges zu existieren. Der Verstand der meisten Menschen scheint »unterkritisch« zu sein, d. h., er entspricht bei unserer Analogie den Reaktorkernen mit unterkritischer Größe: Eine einem solchen Verstand dargebotene Idee wird im Durchschnitt weniger als eine Idee als Erwiderung hervorbringen. Ein

per-critical. An idea presented to such a mind may give rise to a whole 'theory' consisting of secondary, tertiary and more remote ideas. Animals minds seem to be very definitely sub-critical. Adhering to this analogy we ask, 'Can a machine be made to be super-critical?'

The 'skin of an onion' analogy is also helpful. In considering the functions of the mind or the brain we find certain operations which we can explain in purely mechanical terms. This we say does not correspond to the real mind: it is a sort of skin which we must strip off if we are to find the real mind. But then in what remains we find a further skin to be stripped off, and so on. [455] Proceeding in this way do we ever come to the 'real' mind, or do we eventually come to the skin which has nothing in it? In the latter case the whole mind is mechanical. (It would not be a discrete-state machine however. We have discussed this.)

These last two paragraphs do not claim to be convincing arguments. They should rather be described as 'recitations tending to produce belief'.

The only really satisfactory support that can be given for the view expressed at the beginning of § 6, will be that provided by waiting for the end of the century and then doing the experiment described. But what can we say in the meantime? What steps should be taken now if the experiment is to be successful?

recht kleiner Teil ist »über-kritisch«: Eine einem solchen Verstand dargebotene Idee kann eine ganze »Theorie« hervorbringen, die aus sekundären, tertiären und noch weiter entfernten Ideen besteht. Der Verstand von Tieren scheint auf jeden Fall »unter-kritisch« zu sein. In Anlehnung an diese Analogie können wir nun fragen: »Lässt sich eine Maschine dazu bringen, ›über-kritisch‹ zu sein?«

Die »Zwiebelschalenanalogie« ist ebenfalls hilfreich. Wenn wir die Funktionen des Geistes oder des Gehirns betrachten, finden wir bestimmte Vorgänge, die wir rein mechanisch erklären können. Dies entspricht unseres Erachtens jedoch nicht dem wirklichen Geist: Es ist eine Art Schale, die wir abziehen müssen, wenn wir den wirklichen Geist finden wollen. Aber dann finden wir in dem, was noch übrig ist, eine weitere Schale, die wir abziehen müssen, und so weiter. [455] Wenn wir so weitermachen, werden wir dann jemals den »wirklichen« Geist finden oder treffen wir schließlich irgendwann auf eine Schale, die nichts mehr enthält? Im letzteren Fall ist der gesamte Geist mechanisch. (Er wäre jedoch keine Maschine mit diskreten Zuständen; wir haben dies diskutiert.)

Die letzten beiden Absätze erheben nicht den Anspruch, triftige Argumente zu sein. Man sollte sie eher als »Überlegungen, die Zuversicht erwecken« betrachten.

Wirklich zufriedenstellend lässt sich die am Anfang von Abschnitt 6 geäußerte Ansicht nur dadurch belegen, dass man die Jahrhundertwende abwartet und das beschriebene Experiment ganz einfach durchführt. Was aber können wir in der Zwischenzeit sagen? Welche Schritte sollten wir jetzt unternehmen, wenn das Experiment erfolgreich sein soll?

As I have explained, the problem is mainly one of programming. Advances in engineering will have to be made too, but it seems unlikely that these will not be adequate for the requirements. Estimates of the storage capacity of the brain vary from 10^{10} to 10^{15} binary digits. I incline to the lower values and believe that only a very small fraction is used for the higher types of thinking. Most of it is probably used for the retention of visual impressions. I should be surprised if more than 10^9 was required for satisfactory playing of the imitation game, at any rate against a blind man. (Note – The capacity of the *Encyclopaedia Britannica*, 11th edition, is 2×10^9.) A storage capacity of 10^7 would be a very practicable possibility even by present techniques. It is probably not necessary to increase the speed of operations of the machines at all. Parts of modern machines which can be regarded as analogues of nerve cells work about a thousand times faster than the latter. This should provide a 'margin of safety' which could cover losses of speed arising in many ways. Our problem then is to find out how to programme these machines to play the game. At my present rate of working I produce about a thousand digits of programme a day, so that about sixty workers, working steadily through the fifty years might accomplish the job, if nothing went into the waste-paper basket. Some more expeditious method seems desirable.

Wie ich bereits erklärt habe, ist das Problem hauptsächlich eine Frage der Programmierung. Fortschritte in der Ingenieurwissenschaft müssen zwar ebenfalls erzielt werden, doch ist es unwahrscheinlich, dass diese die Anforderungen nicht erfüllen werden. Schätzungen der Speicherkapazität des Gehirns schwanken zwischen 10^{10} und 10^{15} Bits. Ich tendiere eher zu den niedrigeren Werten und glaube, dass selbst bei höheren Denkvorgängen nur ein sehr kleiner Bruchteil davon verwendet wird. Das meiste davon wird wahrscheinlich zur Speicherung visueller Eindrücke verwendet. Es würde mich überraschen, wenn mehr als 10^9 erforderlich wären, um das Imitationsspiel befriedigend zu spielen, zumindest gegen einen Blinden. (Anmerkung: Die 11. Auflage der *Encyclopaedia Britannica* hat eine Kapazität von 2×10^9.) Eine Speicherkapazität von 10^7 wäre sogar beim gegenwärtigen Stand der Technik sehr gut machbar. Es ist wahrscheinlich nicht einmal erforderlich, die Arbeitsgeschwindigkeit der Maschinen überhaupt zu erhöhen. Teile moderner Maschinen, die als Analoga von Nervenzellen angesehen werden können, arbeiten etwa tausendmal schneller als letztere. Dies sollte uns einen »Sicherheitsspielraum« verschaffen, der Geschwindigkeitsverluste abdecken kann, die in vielerlei Hinsicht auftreten können. Unser Problem besteht schlicht und einfach darin herauszufinden, wie man die Maschinen für das Spiel programmiert. Bei meinem gegenwärtigen Arbeitstempo schreibe ich pro Tag etwa 1000 Zeichen eines Programms, so dass etwa 60 Arbeiter, die über 50 Jahre hinweg beständig arbeiten, die Aufgabe bewältigen könnten, wenn nichts in den Papierkorb fliegt. Eine schnellere Methode erscheint wünschenswert.

In the process of trying to imitate an adult human mind we are bound to think a good deal about the process which has brought it to the state that it is in. We may notice three components,

(a) The initial state of the mind, say at birth,
(b) The education to which it has been subjected,
(c) Other experience, not to be described as education, to which it has been subjected. [456]

Instead of trying to produce a programme to simulate the adult mind, why not rather try to produce one which simulates the child's? If this were then subjected to an appropriate course of education one would obtain the adult brain. Presumably the child-brain is something like a note-book as one buys it from the stationers. Rather little mechanism, and lots of blank sheets. (Mechanism and writing are from our point of view almost synonymous.) Our hope is that there is so little mechanism in the child-brain that something like it can be easily programmed. The amount of work in the education we can assume, as a first approximation, to be much the same as for the human child.

We have thus divided our problem into two parts. The child-programme and the education process. These two remain very closely connected. We cannot expect to find a good child-machine at the first attempt. One must experiment with teaching one such machine and see how well it

Bei dem Versuch, den Geist eines erwachsenen Menschen nachzuahmen, müssen wir uns eingehend über den Prozess Gedanken machen, der zu seinem gegenwärtigen Zustand geführt hat. Es lassen sich drei Komponenten ausmachen:

(a) der Anfangszustand des Geistes, etwa bei Geburt,
(b) die Ausbildung, der er unterzogen wird,
(c) sonstige Erfahrungen, die nicht als Ausbildung zählen. [456]

Warum versuchen wir nicht, ein Programm zu erstellen, das nicht den Geist eines Erwachsenen, sondern den eines Kindes simuliert? Würde dieses dann einer entsprechenden Ausbildung unterzogen, so erhielte man das erwachsene Gehirn. Vermutlich ist das kindliche Gehirn mit einem Notizbuch vergleichbar, das man beim Schreibwarenhändler kauft: wenig Mechanismus und viele leere Blätter. (Mechanismus und Geschriebenes sind aus unserer Sicht nahezu synonym.) Wir hoffen, dass das kindliche Gehirn so wenig Mechanismus hat, dass etwas ihm entsprechendes leicht programmiert werden kann. Wir können in erster Annäherung annehmen, dass der Aufwand bei dessen Ausbildung im Wesentlichen der gleiche ist wie beim menschlichen Kind.

Wir haben unser Problem somit zweigeteilt: in das Kind-Programm und den Ausbildungsprozess. Beides bleibt sehr eng miteinander verbunden. Wir können nicht erwarten, dass es uns gelingt, auf Anhieb eine gute Kind-Maschine zu entwickeln. Man muss herumexperimentieren und müsste eine dieser Maschinen ausbilden und sich anschauen, wie

learns. One can then try another and see if it is better or worse. There is an obvious connection between this process and evolution, by the identifications

Structure of the child machine	=	Hereditary material
Changes " "	=	Mutations
Natural selection	=	Judgment of the experimenter

One may hope, however, that this process will be more expeditious than evolution. The survival of the fittest is a slow method for measuring advantages. The experimenter, by the exercise of intelligence, should be able to speed it up. Equally important is the fact that he is not restricted to random mutations. If he can trace a cause for some weakness he can probably think of the kind of mutation which will improve it.

It will not be possible to apply exactly the same teaching process to the machine as to a normal child. It will not, for instance, be provided with legs, so that it could not be asked to go out and fill the coal scuttle. Possibly it might not have eyes. But however well these deficiencies might be overcome by clever engineering, one could not send the creature to school without the other children making excessive fun of it. It must be given some tuition. We need not be too

gut sie lernt; dann kann man es mit einer anderen versuchen und sehen, ob diese besser oder schlechter lernt. Es besteht ein offensichtlicher Zusammenhang zwischen diesem Prozess und der Evolution, und zwar mittels folgender Gleichsetzungen:

Struktur der Kind-Maschine	=	Erbgut
Änderungen an der Kind-Maschine	=	Mutationen
Natürliche Selektion	=	Werturteil des Experimentators

Man darf jedoch hoffen, dass unser Ausbildungsprozess zügiger verläuft als die Evolution. Das Überleben des Angepasstesten ist eine langsame Methode zur Bemessung von Vorteilen. Der Experimentator sollte durch die Ausübung seiner Intelligenz in der Lage sein, dies zu beschleunigen. Ebenso wichtig ist die Tatsache, dass er nicht auf zufällige Mutationen beschränkt ist. Gesetzt den Fall, dass er die Ursache für eine Schwäche ermitteln kann, so kann er sich wahrscheinlich auch eine Art der Mutation vorstellen, die dieser entgegenwirken würde.

Es wird nicht möglich sein, bei der Maschine exakt den gleichen Ausbildungsprozess anzuwenden wie bei einem gewöhnlichen Kind. Sie wird z. B. keine Beine haben, so dass man sie nicht auffordern könnte, hinauszugehen und den Kohlenkübel zu füllen. Möglicherweise hat sie keine Augen. Doch unabhängig davon, wie gut diese Mängel auch immer durch geschickte Ingenieurleistungen behoben werden mögen: Man könnte das Geschöpf nicht zur Schule schicken, ohne dass sich die anderen Kinder maßlos über es lustig machen. Es muss gesonderten Unterricht erhalten.

concerned about the legs, eyes, etc. The example of Miss *Helen Keller* shows that education can take place provided that communication in both directions between teacher and pupil can take place by some means or other. [457]

We normally associate punishments and rewards with the teaching process. Some simple child-machines can be constructed or programmed on this sort of principle. The machine has to be so constructed that events which shortly preceded the occurrence of a punishment-signal are unlikely to be repeated, whereas a reward-signal increased the probability of repetition of the events which led up to it. These definitions do not presuppose any feelings on the part of the machine. I have done some experiments with one such child-machine, and succeeded in teaching it a few things, but the teaching method was too unorthodox for the experiment to be considered really successful.

The use of punishments and rewards can at best be a part of the teaching process. Roughly speaking, if the teacher has no other means of communicating to the pupil, the amount of information which can reach him does not exceed the total number of rewards and punishments applied. By the time a child has learnt to repeat 'Casabianca' he would probably feel very sore indeed, if the text could only be discovered by a 'Twenty Questions' technique, every 'NO' taking the form of a blow. It is necessary therefore to have some other 'unemotional' channels of communica-

Um Beine, Augen usw. brauchen wir uns nicht zu sehr zu kümmern. Das Beispiel von *Helen Keller* zeigt, dass eine Ausbildung möglich ist, vorausgesetzt, es besteht irgendeine wechselseitige Kommunikation zwischen Lehrer und Schüler. [457]

Mit Unterricht verbinden wir normalerweise Bestrafungen und Belohnungen. Nach diesem Prinzip lassen sich einige einfache Kind-Maschinen konstruieren oder programmieren. Die Maschine muss so konstruiert werden, dass Ereignisse, die kurz vor einem Bestrafungs-Signal auftraten, eher nicht wiederholt werden, während ein Belohnungs-Signal die Wahrscheinlichkeit erhöht, dass das Ereignis, das zu ihm geführt hat, wiederholt wird. Diese Definitionen setzen keine Gefühle seitens der Maschine voraus. Ich habe einige Experimente mit einer derartigen Kind-Maschine durchgeführt und es geschafft, ihr ein paar Dinge beizubringen; die Lehrmethode war jedoch zu unorthodox, als dass das Experiment als wirklich erfolgreich angesehen werden könnte.

Die Verwendung von Bestrafungen und Belohnungen kann bestenfalls einen Teil des Ausbildungsprozesses ausmachen. Vereinfacht ausgedrückt: Verfügt der Lehrer gegenüber dem Schüler über keine anderen Kommunikationsmittel, so übersteigt die Informationsmenge, die diesen erreichen kann, nicht die Gesamtzahl der angewandten Belohnungen und Bestrafungen. Wenn sich ein Kind das Gedicht »Casabianca« nur mithilfe von »Ja-/Nein-Fragen« erarbeiten könnte, wobei jedes »Nein« die Form eines Schlages annimmt, dann wäre es ziemlich wund, wenn es den Text endlich aufsagen könnte. Es ist deshalb nötig, dass man über irgendwelche anderen, »nicht-emotionalen« Kommu-

tion. If these are available it is possible to teach a machine by punishments and rewards to obey orders given in some language, *e. g.* a symbolic language. These orders are to be transmitted through the 'unemotional' channels. The use of this language will diminish greatly the number of punishments and rewards required.

Opinions may vary as to the complexity which is suitable in the child machine. One might try to make it as simple as possible consistently with the general principles. Alternatively one might have a complete system of logical inference 'built in'.[3] In the latter case the store would be largely occupied with definitions and propositions. The propositions would have various kinds of status, *e. g.* well-established facts, conjectures, mathematically proved theorems, statements given by an authority, expressions having the logical form of proposition but not belief-value. Certain propositions may be described as 'imperatives'. The machine should be so constructed that as soon as an imperative is classed as 'well-established' the appropriate action automatically takes place. To illustrate this, suppose the teacher says to the machine, 'Do your homework now'. This may cause "Teacher says 'Do your homework now'"

3 Or rather 'programmed in' for our child-machine will be programmed in a digital computer. But the logical system will not have to be learnt.

nikationskanäle verfügt. Sind diese vorhanden, so ist es möglich, einer Maschine durch Bestrafungen und Belohnungen beizubringen, Befehle zu befolgen, die in irgendeiner Sprache erteilt werden, etwa einer symbolischen. Diese Befehle sollten über die »nicht-emotionalen« Kanäle übermittelt werden. Die Verwendung einer solchen Sprache wird die Anzahl der benötigten Bestrafungen und Belohnungen stark verringern.

Die Meinungen darüber, welche Komplexität für eine Kind-Maschine angemessen ist, mögen auseinandergehen. Man könnte versuchen, die Maschine im Einklang mit den allgemeinen Prinzipien so einfach wie möglich zu gestalten. Alternativ könnte man ein vollständiges System logischer Schlussweisen »einbauen«.[3] Im letzteren Fall wäre der Speicher größtenteils mit Definitionen und Aussagesätzen belegt. Die Aussagesätze könnten verschiedener Art sein, etwa anerkannte Tatsachen, Vermutungen, mathematisch bewiesene Theoreme, Äußerungen von Autoritäten, Ausdrücke, die die logische Form von Aussagesätzen, aber keinen Überzeugungswert haben. Gewisse Aussagesätze könnten als »Befehle« beschrieben werden. Die Maschine sollte so konstruiert sein, dass jeder Befehl, der als »anerkannt« eingestuft wird, automatisch die entsprechende Aktion nach sich zieht. Nehmen wir beispielsweise an, dass der Lehrer zu der Maschine sagt: »Mach jetzt deine Hausaufgaben«. Das mag bewirken, dass »Der Lehrer sagt ›Mach jetzt deine Hausaufgaben‹« als anerkannte Tatsache einge-

3 Oder besser: ›hineinprogrammieren‹, denn unsere Kind-Maschine wird auf einem digitalen Rechner programmiert sein. Das logische System wird jedoch nicht erlernt werden müssen.

to be included amongst the well-established facts. Another such fact might be, [458] "Everything that teacher says is true". Combining these may eventually lead to the imperative, 'Do your homework now', being included amongst the well-established facts, and this, by the construction of the machine, will mean that the homework actually gets started, but the effect is very satisfactory. The processes of inference used by the machine need not be such as would satisfy the most exacting logicians. There might for instance be no hierarchy of types. But this need not mean that type fallacies will occur, any more than we are bound to fall over unfenced cliffs. Suitable imperatives (expressed *within* the systems, not forming part of the rules *of* the system) such as 'Do not use a class unless it is a subclass of one which has been mentioned by teacher' can have a similar effect to 'Do not go too near the edge'.

The imperatives that can be obeyed by a machine that has no limbs are bound to be of a rather intellectual character, as in the example (doing homework) given above. Important amongst such imperatives will be ones which regulate the order in which the rules of the logical system concerned are to be applied. For at each stage when one is using a logical system, there is a very large number of alternative steps, any of which one is permitted to apply, so far as obedience to the rules of the logical system is concerned. These choices make the difference between a brilliant and a footling reasoner, not the difference between a sound and a fal-

stuft wird. Eine weitere solche Tatsache könnte lauten: [458] »Alles, was der Lehrer sagt, ist wahr«. Beides zusammen könnte schließlich dazu führen, dass der Befehl »Mach jetzt deine Hausaufgaben« als anerkannte Tatsache eingestuft wird; aufgrund der Konstruktion der Maschine wird dies dazu führen, dass mit den Hausaufgaben tatsächlich begonnen wird – was ja durchaus etwas für sich hat. Die Schlussweisen, mit der die Maschine arbeitet, müssen nicht derart sein, dass sie den anspruchsvollsten Logikern genügen würden. Es könnte zum Beispiel sein, dass es keine Typhierarchie gibt. Das muss nicht zwingend bedeuten, dass es zu Typen-Fehlern kommen wird, ebenso wenig, wie wir unweigerlich von ungesicherten Klippen stürzen. Geeignete Befehle (ausgedrückt *innerhalb* der logischen Systeme, nicht als Teil der Regeln *des* Systems), wie etwa »Verwende keine Klasse, solange sie keine Unterklasse einer vom Lehrer ausdrücklich erwähnten ist«, können ähnliche Auswirkungen haben wie »Geh nicht zu nah am Rand«.

Die Befehle, die von einer Maschine ohne Gliedmaßen befolgt werden können, werden zwangsläufig einen eher intellektuellen Charakter haben, wie bei dem obigen Beispiel der Hausaufgaben. Wichtig unter solchen Befehlen werden diejenigen sein, die die Reihenfolge festlegen, in der die Regeln des betreffenden logischen Systems anzuwenden sind. Denn wenn man ein solches logisches System verwendet, dann gibt es, was die Einhaltung der Regeln des logischen Systems anbelangt, auf jeder Stufe eine sehr große Zahl alternativer Schritte, von denen jeder angewendet werden darf. Die Auswahl der Schritte unterscheidet einen brillanten von einem törichten Denker, nicht einen, dessen Schlüsse gültig sind, von einem, dessen Schlüs-

lacious one. Propositions leading to imperatives of this kind might be "When Socrates is mentioned, use the syllogism in Barbara" or "If one method has been proved to be quicker than another, do not use the slower method". Some of these may be 'given by authority', but others may be produced by the machine itself, *e. g.* by scientific induction.

The idea of a learning machine may appear paradoxical to some readers. How can the rules of operation of the machine change? They should describe completely how the machine will react whatever its history might be, whatever changes it might undergo. The rules are thus quite time-invariant. This is quite true. The explanation of the paradox is that the rules which get changed in the learning process are of a rather less pretentious kind, claiming only an ephemeral validity. The reader may draw a parallel with the Constitution of the United States.

An important feature of a learning machine is that its teacher will often be very largely ignorant of quite what is going on inside, although he may still be able to some extent to predict his pupil's behaviour. This should apply most strongly to the [459] later education of a machine arising from a child-machine of well-tried design (or programme). This is in clear contrast with normal procedure when using a machine to do computations: one's object is then to have a clear mental picture of the state of the machine at each moment in the computation. This object can

se ungültig sind. Aussagesätze, die zu derartigen Befehlen führen, könnten lauten: »Verwende den Modus Barbara, sobald Sokrates erwähnt wird« oder: »Erweist sich eine Methode schneller als eine andere, verwende nicht die langsamere«. Einige davon könnten »von einer Autorität vorgegeben« sein, andere hingegen könnten von der Maschine selbst aufgestellt werden, etwa durch wissenschaftliche Induktion.

Die Vorstellung einer lernenden Maschine mag einigen Lesern paradox vorkommen. Wie können sich die Regeln der Arbeitsweise der Maschine ändern? Sie sollten vollständig beschreiben, wie die Maschine reagieren wird, unabhängig von ihrer Historie und möglichen Zustandsänderungen. Die Regeln sind demnach ziemlich zeitinvariant. Das ist durchaus richtig. Die Erklärung dieses Paradoxons lautet, dass die Regeln, die während des Lernprozesses geändert werden, von eher anspruchsloser Art sind und nur eine vorübergehende Gültigkeit beanspruchen. Der Leser mag eine Parallele zur Verfassung der Vereinigten Staaten ziehen.

Ein wichtiges Merkmal einer lernenden Maschine besteht darin, dass ihr Lehrer oft reichlich wenig von dem weiß, was in ihr vorgeht, selbst wenn er dennoch in der Lage sein sollte, das Verhalten seines Schülers bis zu einem gewissen Grad vorauszusagen. Dies sollte am stärksten auf die spätere Ausbildung einer Maschine zutreffen, [459] die aus einer Kind-Maschine bewährter Konstruktion (oder Programmierung) hervorgegangen ist. Das steht in deutlichem Gegensatz zu der üblichen Vorgehensweise, wenn man eine Maschine zum Rechnen benutzt: Man ist dann bestrebt, eine klare Vorstellung vom Zustand der Maschine zu jedem Augenblick der Berechnung zu haben. Dieses Ziel

only be achieved with a struggle. The view that 'the machine can only do what we know how to order it to do',[4] appears strange in face of this. Most of the programmes which we can put into the machine will result in its doing something that we cannot make sense of at all, or which we regard as completely random behaviour. Intelligent behaviour presumably consists in a departure from the completely disciplined behaviour involved in computation, but a rather slight one, which does not give rise to random behaviour, or to pointless repetitive loops. Another important result of preparing our machine for its part in the imitation game by a process of teaching and learning is that 'human fallibility' is likely to be omitted in a rather natural way, *i. e.* without special 'coaching'. (The reader should reconcile this with the point of view on pp. 24, 25.) Processes that are learnt do not produce a hundred per cent certainty of result; if they did they could not be unlearnt.

It is probably wise to include a random element in a learning machine (see p. 438). A random element is rather useful when we are searching for a solution of some problem. Suppose for instance we wanted to find a number between 50 and 200 which was equal to the square of the sum of its digits, we might start at 51 then try 52 and go on until

4 Compare Lady Lovelace's statement (p. 450), which does not contain the world 'only'.

lässt sich nur mit Mühe erreichen. Die Ansicht, dass »die Maschine nur das tun kann, wofür wir die entsprechenden Befehle kennen«[4], erscheint angesichts dessen seltsam. Die meisten Programme, die wir in die Maschine eingeben können, werden dazu führen, dass sie etwas tut, was für uns überhaupt keinen Sinn ergibt oder was uns als völlig zufälliges Verhalten erscheint. Intelligentes Verhalten besteht wahrscheinlich im Abweichen von dem völlig disziplinierten Verhalten, das mit Rechenvorgängen einhergeht; dieses Abweichen ist jedoch so geringfügig, dass es nicht zu zufälligem Verhalten oder sinnlosen, sich wiederholenden Schleifen führt. Wird unsere Maschine auf ihre Rolle im Imitationsspiel mithilfe eines Lehr- und Lernprozesses vorbereitet, dann wird sich auch das Problem der »menschlichen Fehlbarkeit« wahrscheinlich auf ziemlich natürliche Weise von selbst erledigen, also ohne dass wir sie der Maschine extra »antrainieren« müssen. (Der Leser sollte dies mit den Ausführungen auf Seite 87 [455] vergleichen.) Erlernte Prozesse führen nicht zu Ergebnissen, die hundertprozentig sicher sind; wenn sie es täten, könnten sie nicht verlernt werden.

Es ist wahrscheinlich klug, ein Zufallselement in eine lernende Maschine mit aufzunehmen (vgl. S. 25 [438]). Ein Zufallselement ist ziemlich nützlich, wenn wir nach einer Lösung für irgendein Problem suchen. Angenommen, wir wollten eine Zahl zwischen 50 und 200 finden, die gleich dem Quadrat der Summe ihrer Ziffern ist, so könnten wir mit 51 anfangen, es dann mit 52 versuchen und so weiter-

4 Vergleiche die Feststellung von Lady Lovelace auf S. 67 [450], die nicht den Ausdruck ›nur‹ enthält.

we got a number that worked. Alternatively we might choose numbers at random until we got a good one. This method has the advantage that it is unnecessary to keep track of the values that have been tried, but the disadvantage that one may try the same one twice, but this is not very important if there are several solutions. The systematic method has the disadvantage that there may be an enormous block without any solutions in the region which has to be investigated first. Now the learning process may be regarded as a search for a form of behaviour which will satisfy the teacher (or some other criterion). Since there is probably a very large number of satisfactory solutions the random method seems to be better than the systematic. It should be noticed that it is used in the analogous process of evolution. But there the systematic method is not possible. How could one keep track [460] of the different genetical combinations that had been tried, so as to avoid trying them again?

We may hope that machines will eventually compete with men in all purely intellectual fields. But which are the best ones to start with? Even this is a difficult decision. Many people think that a very abstract activity, like the playing of chess, would be best. It can also be maintained that it is best to provide the machine with the best sense organs that money can buy, and then teach it to understand and speak English. This process could follow the normal teach-

machen, bis wir eine Zahl finden, bei der es funktioniert. Alternativ könnten wir Zahlen zufällig auswählen, bis wir eine passende haben. Diese Methode hat den Vorteil, dass es nicht nötig ist, die bereits ausprobierten Werte nachzuverfolgen, jedoch den Nachteil, dass es sein kann, dass man Werte doppelt ausprobiert; aber das ist nicht so wichtig, wenn es mehrere Lösungen gibt. Die systematische Methode hat den Nachteil, dass es in der zuerst zu untersuchenden Region einen extrem großen Block ohne Lösungen geben kann. Der Lernprozess lässt sich jetzt als Suche nach einer Art von Verhalten betrachten, die den Lehrer zufriedenstellt (oder ein anderes Kriterium erfüllt). Da es wahrscheinlich eine sehr große Zahl zufriedenstellende Lösungen gibt, scheint die Zufallsmethode besser zu sein als die systematische. Beim analogen Evolutionsprozess beispielsweise wird die Zufallsmethode verwendet, aber dort ist die systematische Methode ja nicht möglich. Wie sollte man sich die verschiedenen, bereits ausprobierten genetischen Kombinationen merken, [460] um zu vermeiden, sie erneut zu testen?

Wir dürfen hoffen, dass Maschinen letztlich auf allen rein intellektuellen Gebieten mit dem Menschen konkurrieren werden. Doch mit welchen Gebieten fangen wir am besten an? Bereits das ist eine schwierige Entscheidung. Viele Leute denken, dass eine sehr abstrakte Aktivität wie das Schachspielen am geeignetsten wäre. Es könnte auch behauptet werden, dass es das Beste sei, die Maschine mit den besten Sinnesorganen auszustatten, die man für Geld kaufen kann, und ihr dann beizubringen, Englisch zu verstehen und zu sprechen. Dieser Prozess könnte so ablaufen wie das normale Unterrichten eines Kindes. Wir würden

ing of a child. Things would be pointed out and named, etc. Again I do not know what the right answer is, but I think both approaches should be tried.

We can only see a short distance ahead, but we can see plenty there that needs to be done.

auf Dinge hinweisen und sie benennen usw. Auch hier weiß ich nicht, wie die richtige Antwort lautet, aber ich denke, beide Ansätze sollten ausprobiert werden.

Wir können nicht sehr weit vorausschauen, aber wir können dort vieles sehen, was getan werden muss.

BIBLIOGRAPHY

Samuel Butler, Erewhon, London, 1865. Chapters 23, 24, 25, *The Book of the Machines.*

Alonzo Church, "An Unsolvable Problem of Elementary Number Theory", *American J. of Math.*, 58 (1936), 345–363.

K. Gödel, "Über formal unentscheidbare Sätze der Principia Mathematica und verwandter Systeme, I", *Monatshefte für Math. und Phys.*, (1931), 173–189.

D. R. Hartree, *Calculating Instruments and Machines*, New York, 1949.

S. C. Kleene, "General Recursive Functions of Natural Numbers", *American J. of Math.*, 57 (1935), 153–173 and 219–244.

G. Jefferson, "The Mind of Mechanical Man". Lister Oration for 1949. *British Medical Journal*, vol. i (1949), 1105–1121.

Countess of Lovelace, 'Translator's notes to an article on Babbage's Analytical Engine', *Scientific Memoirs* (ed. by R. Taylor), vol. 3 (1842), 691–731.

Bertrand Russell, *History of Western Philosophy*, London, 1940.

A. M. Turing, "On Computable Numbers, with an Application to the Entscheidungsproblem", *Proc. London Math. Soc.* (2), 42 (1937), 230–265.

Victoria University of Manchester.

LITERATUR

Samuel Butler, *Erewhon: or, Over the Range*, London 1872. [Dt.: *Ergindwon oder Jenseits der Berge*, Leipzig 1879.]

Alonzo Church, »An Unsolvable Problem of Elementary Number Theory«, in: *American Journal of Mathematics* 58 (1936) Nr. 2, S. 345–363.

Kurt Gödel, »Über formal unentscheidbare Sätze der Principia Mathematica und verwandter Systeme I«, in: *Monatshefte für Mathematik und Physik* 38 (1931) Nr. 1, S. 173–189.

Douglas Rayner Hartree, *Calculating Instruments and Machines*, Urbana 1949.

Geoffrey Jefferson, »The Mind of Mechanical Man«, in: *British Medical Journal* 1 (1949) Nr. 4616, S. 1105–1121.

Stephen Cole Kleene, »General Recursive Functions of Natural Numbers«, in: *Mathematische Annalen* 112 (1936) S. 727–742.

Countess of Lovelace, »Translator's Notes to an Article on Babbage's Analytical Engine«, in: *Scientific Memoirs*, hrsg. von Richard Taylor, Bd. 3, London 1842, S. 691–731. [Dt.: »Grundriß der von Charles Babbage erfundenen Analytical Engine«, in: *Babbages Rechen-Automate. Ausgewählte Schriften*, hrsg. von Bernhard Dotzler, Wien 1996, S. 309–381.]

Bertrand Russell, *History of Western Philosophy*, London 1946. [Dt.: *Philosophie des Abendlandes*, übers. von Elisabeth Fischer-Wernecke und Ruth Gillischewski, München 2004.]

Alan Mathison Turing, »On Computable Numbers, With an Application to the Entscheidungsproblem«, in: *Proceedings of the London Mathematical Society* 42 (1936/37) Nr. 1, S. 241–265. [Dt.: »Über berechenbare Zahlen mit einer Anwendung auf das Entscheidungsproblem«, in: *Grundlagentexte der Medienkultur*, hrsg. von Andreas Ziemann, Wiesbaden 2019, S. 169–182.]

Victoria University of Manchester.

Zu dieser Ausgabe

Der Abdruck des englischen Originaltextes folgt der Edition:

A. M. Turing: Computing Machinery and Intelligence. In: Mind 59 (1950) Nr. 236. S. 433–460.

Typographische Besonderheiten, wie etwa zur Hervorhebung *kursiv* gesetzter Textteile, wurden beibehalten. Die Originalpaginierung wird in eckigen Klammern wiedergegeben. Die Rechtschreibung und Zeichensetzung folgt der Vorlage buchstaben- und zeichengenau.

Der Verlag Philipp Reclam jun. dankt für die Nachdruck- und Reproduktionsgenehmigung den Rechteinhabern. Für eine lizenzpflichtige Abbildungsvorlage konnte der Rechteinhaber nicht ermittelt werden. Hier ist der Verlag bereit, nach Anforderung rechtmäßige Ansprüche abzugelten.

Als der Reclam-Verlag an uns mit der Frage herantrat, ob wir uns vorstellen könnten, Turings bahnbrechenden Aufsatz »Computing Machinery and Intelligence« für die Reihe *Great Papers Philosophie* zu übersetzen, zu erläutern und mit einem Nachwort zu versehen, entstand schnell die Idee, dies im Rahmen eines einjährigen Studienprojektes mit Masterstudierenden des *Cognitive-Science*-Programms an der Universität Osnabrück zu tun. Solche Studienprojekte verfolgen das Ziel, Studierende in Forschungsteams gemeinsam ein Projekt durchführen zu lassen, bei denen die Lehrenden eher in die Rolle von Coaches schlüpfen. Da sich die Reihe *Great Papers Philosophie* ja gerade an Studierende und Schülerinnen und Schüler der Oberstufe wendet, schien es uns naheliegend, mit unseren Studierenden die auf Walther Zimmerli zurückgehende alte Übersetzung gründlich Satz für Satz zu überarbeiten und dabei zu überlegen, für welche Passagen Anmerkungen hilfreich sein würden. Ein Großteil der Anmerkungen ist dann auch in einem gemeinsamen Schreibprozess mit unseren Studierenden entstanden, ebenso wie das Nachwort, in dem wir versuchen, Turings epochalen Beitrag ideengeschichtlich zu verorten. Wer nach dem eigenen Studium von Turings Text noch zusätzli-

che Informationen, Erläuterungen und Verweise sucht, findet diese dort. Das Nachwort lässt sich aber auch als ›Einleitung‹ nutzen, die als erste Handreichung für eine weitere, eigenständige Auseinandersetzung mit Turings Arbeit dienen kann.

Eine Frage bezüglich des Schreibstils hat uns länger beschäftigt: Dem Wunsch, möglichst geschlechtergerecht zu formulieren, sind wir in unseren eigenen Beiträgen gefolgt, haben Turings Text jedoch in dem Stil belassen, der für die 1950er Jahre typisch war.

Für ihre enthusiastische Mitarbeit an diesem Projekt danken wir Tobias Anton, Micaela Barkmann, Florence Bockting, Guido Dielen, Leonie Dziomba, Friederike Kordaß, Anne Lang, Marcel Ruland und Paul Schütze.

Anmerkungen

7,10 *diese Haltung:* Turing spielt hier auf die sogenannte Philosophie der normalen Sprache (engl.: *ordinary language philosophy*) an, die maßgeblich von Ludwig Wittgenstein (1889–1951) und dessen Studierenden im Cambridge der 1930er Jahre begründet wurde. Diese wendet sich gegen die zu Beginn des 20. Jahrhunderts vorherrschende Philosophie der idealen Sprache, die (vermeintliche) philosophische Unzulänglichkeiten der Umgangssprache durch Bedeutungsdefinitionen in einer logischen Idealsprache bereinigen wollte. In seinen *Philosophischen Untersuchungen* argumentiert Wittgenstein hingegen dafür, dass die Bedeutung von Ausdrücken durch ihren Gebrauch in der Alltagssprache festgelegt wird: »Die Bedeutung eines Wortes ist sein Gebrauch in der Sprache« (Wittgenstein 1953, § 43).

7,15 *Gallup Poll:* eines der bekanntesten US-amerikanischen Instrumente zur Erhebung der öffentlichen Meinung. 1935 in den USA zum ersten Mal erhoben, wird damit noch heute die öffentliche Meinung in mittlerweile zahlreichen Ländern der Welt untersucht.

9,15 *Fernschreiber:* zu Turings Zeit im Wesentlichen elektrische Schreibmaschinen, die über eine Telefonleitung miteinander verbunden waren. Text, der auf der einen Seite eingegeben wurde, wurde auf der anderen Seite Zeichen für Zeichen (fern-)geschrieben. Um Telefonkosten zu sparen, konnte der Text vorab geschrieben, auf Lochstreifen gespeichert und dann durch Einlesen des Lochstreifens verzögerungsfrei übertragen werden. Da die Datenübertragung seriell erfolgte, eigneten sich Fernschreiber auch als Ausgabegeräte für Computer.

11,5 *infiniten Regress:* Als ›infiniter‹ oder ›unendlicher Regress‹ (lat.: *regressus ad infinitum*) wird das Rückschreiten in einer unendlichen Reihe von Deduktionsschritten bezeichnet, die kein Ende findet, etwa wenn jede Begründung ihrerseits wieder begründet werden muss oder wenn bei der Suche nach der Ursache eines Ereignisses jeder Ursache ihrerseits wieder eine Ursache vorausgeht. An dieser Stelle besteht der infinite Regress darin, dass die Lösung

des Problems zu einer nächsten und diese wiederum zu einer weiteren Frage führen würde, und zwar immer so weiter *ad infinitum*. Anstatt also eine Antwort auf die Frage zu suchen, deren Beantwortung sowieso nur weitere Fragen aufwerfen würde, fragt Turing daher, ob die neue Frage denn überhaupt einer Untersuchung wert sei.

11,24 *Forth-Brücke:* Die 1890 eröffnete und zum UNESCO-Weltkulturerbe zählende Brücke ist eine zweigleisige Eisenbahnbrücke, die bei Edinburgh über den Firth of Forth führt.

11,26 *Addieren Sie ... 34 957 und 70 764:* Die Summe dieser beiden Zahlen ist 105 721, nicht 105 621. Wahrscheinlich gibt Turing hier absichtlich ein falsches Ergebnis an und spielt auf diese Weise bereits darauf an, dass Maschinen versuchen könnten, den Fragesteller zu täuschen, indem sie die menschliche Fehlbarkeit bei mathematischen Aufgaben nachahmen und so nicht »aufgrund ihrer gnadenlosen Genauigkeit auffliegen«, wie er später ausführt (s. S. 61 [448]).

13,12 *Zeugen:* hier A und B.

13,28 f. *das Imitationsspiel ... vermag:* Selbst dann, wenn die Maschine im Nachteil wäre, so offenbar Turings Überlegung, wäre es müßig, sich hierüber Gedanken zu machen, sofern sich herausstellt, dass sie im Imitationsspiel dennoch hinreichend gut abschneidet.

17,8 f. *digitale Rechner:* Als »digitale« Rechner bezeichnet man Computer, die – wie alle heutzutage gängigen Modelle – mit *diskreten* Repräsentationen wie z. B. dem Binärcode (1/0, wahr/falsch) operieren (s. Anm. 29,15). Die meisten davon arbeiten elektronisch, es existieren jedoch auch solche auf mechanischer, pneumatischer oder optischer Grundlage. Im Gegensatz dazu operierten die bis in die 1980er Jahre verbreiteten »analogen« Rechner (s. Anm. 73,11) mit *kontinuierlichen* Größen, wie z. B. elektrischen Spannungen oder Strömen.

19,5 *menschlichen Rechner:* Bevor programmierbare Rechenmaschinen und später die heutzutage handelsüblichen Computer zur Verfügung standen, wurden mathematische Berechnungen von Menschen angestellt, die im Wortsinne als hochspezialisierte »(Be-)rechner« (engl.: *computors*) fungierten. Turing (1936/37)

stellt ausdrücklich eine Analogie zwischen dem Verhalten einer Turingmaschine und den Prozessen, die in einem solchen *»computer«* ablaufen, her (s. Kap. 5.1, insb. S. 153). Als während des Zweiten Weltkriegs viele Männer im Feld waren, griff man vornehmlich auf weibliche Berechner zurück, und das blieb so bis weit in die 1960er Jahre hinein, u.a. auch noch beim Apolloprogramm der NASA.

19,13 *Tischrechenmaschine:* Tischrechner waren bis in die 1970er Jahre verbreitete, nicht-programmierbare Vorläufer von Taschenrechnern, die zwar oft nur einfache Rechenoperationen beherrschten, die berechneten Zahlenkolonnen in der Regel aber samt Ergebnis auf einer Papierrolle ausdrucken konnten.

19,16 f. *zirkulär zu argumentieren:* Die zirkuläre Argumentation, die Turing hier fürchtet, ist wohl folgende: Zunächst wurde maschinelle Intelligenz daran geknüpft, ob sich der Fragesteller im Imitationsspiel ebenso oft falsch entscheidet, wenn eine Maschine die Rolle von A übernimmt. Dann wurden nur solche Maschinen für das Imitationsspiel zugelassen, die digitale Rechner sind. Definierte man diese nun als Maschinen, die jede Operation ausführen können, die menschliche Rechner ausführen können (oder zumindest dafür gedacht sind, solche Operationen auszuführen), verlöre das Imitationsspiel als Maßstab maschineller Intelligenz seinen Sinn, denn es würden ja von vornherein nur solche Maschinen überhaupt zum Spiel zugelassen, die Menschen ebenbürtig sind.

25,24 *freier Wille:* Bereits in früher Jugend liebäugelte Turing im Anschluss an den Physiker Arthur Eddington (1882–1944), dessen Werke er in den späten 1920er Jahren studierte, mit der Auffassung, dass die Grundlage eines freien Willens in der Unvorhersagbarkeit quantenphysikalischer Prozesse zu suchen sei (Hodges 1983, S. 63). Diese Überlegung aufgreifend argumentierte er später, eine Maschine, die »ein Gehirn imitieren solle«, müsse zumindest »den Anschein erwecken, aus freiem Willen zu handeln« (1951a, S. 484). Dafür sei es jedoch nicht notwendig, die Maschine mit einem echten, quantenphysikalischen, Zufallselement auszustatten. Ein quasizufälliges Element (s. Anm. 25,30) reiche aus, um das

Verhalten der Maschine »jedem, der mit den Details ihrer Konstruktion nicht vertraut ist, nachgerade zufällig erscheinen« (1951a, S. 485) zu lassen.

25,30 *Dezimalbruchentwicklung:* Die Nachkommastellen der Zahl π = 3,1416 ... enthalten kein bekanntes Muster, d. h. die Ziffern von 0 bis 9 treten vermutlich gleich häufig in nicht regelmäßiger Reihenfolge auf. Man kann die Folge dieser Ziffern daher als Zufallszahlen verwenden. Durch dieses quasizufällige Element umgeht man das Problem, dass es in deterministischen Maschinen keinen echten Zufall gibt (s. Anm. 25,24).

27,9 f. *Rechner mit unendlicher Kapazität:* Das wäre eine »universelle Turingmaschine«, die über ein unendlich langes Speicherband verfügt und jede konkrete Turingmaschine, die mittels eines endlichen Speicherbandes ein spezifisches Problem zu lösen vermag, simulieren kann (s. Kap. 5.1, insb. S. 157). Turings Idee einer solchen universellen Turingmaschine war ausschlaggebend für die Entwicklung digitaler Rechner, die verschiedene Programme ausführen können, ohne dass für jede Aufgabe jeweils eigens eine spezielle Maschine konstruiert werden muss.

27,13 f. *Analytische Maschine:* s. Kap. 4, insb. S. 145.

27,20 *Manchester-Maschine:* s. Kap. 5.3, insb. S. 162.

27,29 f. *alle digitalen ... äquivalent:* Da alles, was überhaupt berechenbar ist, mit einer universellen Turingmaschine berechnet werden kann (s. Anm. 27,9 f. und Kap. 5.1, insb. S. 157) und digitale Rechner als universelle Turingmaschine beschrieben werden können, sind alle digitalen Rechner in gewissem Sinne äquivalent (s. Anm. 29,10–12).

29,7 f. *Speichersystem ... akustisch:* Die Speicherung von Daten war Anfang der 1950er Jahre noch schwierig, da z. B. Ringkernspeicher, Magnetbandspeicher, Festplatten oder Halbleiterspeicher noch nicht erfunden waren. Daher wurden häufig akustische Speicher eingesetzt, bei denen ein Signal akustisch von einem Wandler ausgesendet, von einem zweiten wieder aufgenommen und dann dem ersten per Kabel wieder zugeführt wurde. Da die Laufzeit von Schall mit etwa 300 m/Sek. erheblich länger ist als die von elektrischen Signalen (etwa 300 000 km/Sek.) konnte die Information

auf diese Weise »aufbewahrt« werden, solange Strom anlag. Die Speicherkapazität hing dabei maßgeblich von der Länge der akustischen Strecke ab.

29,10–12 *Wenn wir ... Ausschau halten:* Turing weist an dieser Stelle darauf hin, dass es nicht wesentlich ist, woraus Maschinen gebaut sind oder womit sie betrieben werden, sondern was die Logik ihrer Arbeitsweise ist. Da Turing (1936/37) gezeigt hat, dass sich alles, was überhaupt berechenbar ist, mit einer universellen Turingmaschine berechnen lässt (s. Anm. 27,9 f.), kann die Bauweise gar kein geeignetes Kriterium dafür liefern, Maschinen zu klassifizieren.

29,15 *Maschinen mit diskreten Zuständen:* »diskret« wird hier im Gegensatz zu »stetig« oder »kontinuierlich« verstanden. Diskrete Zustände sind also solche, bei denen Änderungen nur in Sprüngen, also stufenweise, nicht kontinuierlich und in der Regel mit festen Abständen erfolgen. Stetige Änderungen erfolgen demgegenüber nicht sprungweise, sondern stufenlos, kontinuierlich und können jeden beliebigen Zwischenwert annehmen. Heutzutage würden wir statt von »diskret« und »stetig« von »digital« und »analog« sprechen (s. Anm. 17,8 f.).

33,4 *Laplace'sche Ansicht:* Der Mathematiker Pierre-Simon Laplace (1749–1827) bemerkte in seinem *Essai philosophique sur les probabilités* (1814) über eine hypothetische Instanz, seinen berühmten Dämon: »Wir müssen also den gegenwärtigen Zustand des Weltalls als die Wirkung seines früheren und als Ursache des folgenden Zustandes betrachten. Eine Intelligenz, welche für einem gegebenen Augenblick alle in der Natur wirkenden Kräfte sowie die gegenwärtige Lage der sie zusammensetzenden Elemente kennt, und überdies umfassend genug wäre, um diese gegebenen Größen der Analysis zu unterwerfen, würde in derselben Formel die Bewegungen der größten Weltkörper wie des leichtesten Atoms umschließen; nichts würde ihr ungewiß sein und Zukunft wie Vergangenheit würden ihr offen vor Augen liegen.« (Laplace 1814, S. 1 f.)

33,11 f. *kleinste Abweichungen ... überwältigende Wirkung:* verweist auf die Chaosforschung. Bei chaotischen Systemen wie etwa dem Wetter können schon minimale Änderungen in den Anfangsbe-

dingungen zu ganz unterschiedlichen Entwicklungen führen. Obwohl solche Systeme deterministisch sind, lassen sich ihre zukünftigen Zustände immer nur näherungsweise vorhersagen. Man spricht daher auch vom »deterministischen Chaos«.

39,7 *von einem Mann:* Im ursprünglichen Imitationsspiel war A ein Mann, B eine Frau und beide sollten den Fragesteller davon überzeugen, dass sie die Frau sind. Hier schlägt Turing nun vor, dass ein Computer die Rolle von A und ein Mann die Rolle von B übernimmt. Demnach hätten sowohl der Computer (A) als auch der Mann (B) die Aufgabe, den Fragesteller davon zu überzeugen, dass sie eine Frau sind. Dies entspricht nicht der gängigen Version, bei der der Computer versuchen muss, in Konkurrenz mit einem Menschen (gleich welchen Geschlechts) den Fragesteller davon zu überzeugen, dass er (der Computer) der Mensch ist (s. Kap. 7.1, insb. S. 183). Ob Turing hier einfach nur nachlässig war, ob er das englischsprachige *man* womöglich als ›Mensch‹ und nicht als ›Mann‹ verstanden wissen wollte oder ob er vielmehr gezielt die unorthodoxe Version des Turingtests im Sinn hatte, wird kontrovers diskutiert (vgl. z. B. Traiger 2000; Sterrett 2000). Allerdings war Turing Mathematiker und auf Details und Konsistenz geradezu versessen. Ebenso wenig, wie ihm ein Fehler bei der Addition von 34 957 und 70 764 zuzutrauen wäre (s. Anm. 11,26), hätte er wohl B aus Versehen zum Mann gemacht. Auch wenn sich Turings Überlegungen nicht restlos werden aufklären lassen, spricht dies dafür, dass er in der Tat den unorthodoxen Turingtest im Sinn hatte. Der Grund dafür mag möglicherweise folgender sein: Wenn der Computer und der Mensch den Fragesteller davon überzeugen müssen, dass sie ein *Mensch* sind, dann hat der Mensch einen Vorteil – denn er ist ja ein Mensch. Wenn der Computer und der Mann hingegen beide vorgeben müssen, eine *Frau* zu sein, dann müssen sie gleichermaßen vorgeben, etwas zu sein, was sie nicht sind.

39,23 *in etwa 50 Jahren:* Tatsächlich besaß IBMs ASCI White Supercomputer(cluster) im Jahr 2000 eine Arbeitsspeicherkapazität von 6 Terabyte – also etwa $6{,}6 \times 10^{12}$. Handelsübliche PCs dagegen hatten eine Arbeitsspeicherkapazität von knapp $5{,}36 \times 10^{8}$.

43,3 f. *muslimischen Ansicht … keine Seele:* Turings Unterstellung,

nach muslimischer Ansicht hätten Frauen keine Seele, entbehrt jeder Grundlage. Es gibt in der islamischen Ideengeschichte keine einzige Strömung – nicht einmal unter fundamentalistischen Gruppierungen –, die diese These vertreten hat.

43,27 *Summa Theologica ... Russell:* Anders als von Turing behauptet, diskutiert Bertrand Russell (1872–1970) an der besagten Stelle die *Summa Contra Gentiles*, nicht die *Summa Theologica*.

45,7 f. *Galileis:* Galileo Galilei (1564–1642), Universalgelehrter, Mathematiker, Ingenieur, Philosoph und einer der wichtigsten Mitbegründer der modernen Naturwissenschaften, entdeckte unter anderem die Phasen der Venus (ein Beweis für ein heliozentrisches Weltbild), widerrief aber unter dem Druck der Kirche.

47,10 *Gödel'sches Theorem:* s. Kap. 2, insb. S. 139.

47,16 *Rosser:* Turing zitiert lediglich die entsprechenden Arbeiten von Church, Gödel und Kleene, jedoch keine des im Text ebenfalls genannten Rosser. Kleene (1936) bezieht sich ebenfalls auf das Ergebnis von Rosser, mit dem Hinweis auf ein »unpublished manuscript«. Dies mag der Grund sein, warum Turing Rosser nicht im Literaturverzeichnis aufführt.

49,18 *falsch oder gar nicht antwortet:* das sogenannte Halteproblem, s. Kap. 5.2, insb. S. 159.

53,4–10 *Gemäß der ... Bedeutung beizumessen:* Wir wären, so wohl Turings Überlegung, nicht darin gerechtfertigt, diesen Mitteilungen irgendwelche Bedeutung beizumessen, weil uns alles außerhalb unseres eigenen Bewusstseins nicht unmittelbar zugänglich ist (s. Anm. 53,12 f.) und wir damit vor dem sogenannten Problem des Fremdpsychischen (engl.: *problem of other minds*) stünden, also vor dem Problem, dass wir ungeachtet all des äußerlich wahrnehmbaren (körperlichen wie sprachlichen) Verhaltens anderer niemals sicher wissen können, welche Empfindungen, Gefühle usw. sie wirklich haben.

53,12 f. *Solipsismus:* Genau genommen geht es Turing nicht um den Solipsismus, sondern um das Problem des Fremdpsychischen (s. Anm. 53,4–10). Der Solipsismus (lat. *solus* »allein«; *ipse* »selbst«) schließt aus der Überlegung, dass sich über alles außerhalb des eigenen Bewusstseins keine Gewissheit erlangen lässt, dass nur das

eigene Ich als real existierend angenommen werden kann. Das ist für Turing jedoch unerheblich. Seine Überlegung an dieser Stelle lautet schlicht: Ebenso wenig, wie uns unsere Ungewissheit im Hinblick auf die mentalen Zustände anderer davon abhält, zu glauben, dass sie denken können, sollte sie uns davon abhalten zu glauben, dass eine Maschine denken kann.

53,22 *viva voce*: lat. »mit lebender Stimme«. Eine mündliche Prüfung, in der die Prüflinge wie in einer Disputation eine zuvor eingereichte schriftliche Arbeit im Gespräch mit den Prüfern verteidigen müssen.

55,6 *Herr Pickwick:* Samuel Pickwick, der Protagonist in *The Pickwick Papers*, dem ersten Roman von Charles Dickens (1812–1870).

57,3 f. *eine Art Paradoxon:* Es lässt sich nur darüber spekulieren, welches Paradoxon Turing an dieser Stelle im Sinn hatte. Vor dem Hintergrund seiner Vertrautheit mit den Gedanken Wittgensteins spricht jedoch einiges dafür, dass er auf Überlegungen aus dessen mittlerer Phase anspielt. »Die Wendung ›daß etwas in unserem Geist vor sich geht‹, soll«, so Wittgenstein z. B., »andeuten, daß es im physikalischen Raum nicht lokalisierbar ist. Von Magenschmerzen sagt man nicht, daß sie in unserem Geist vor sich gehen, obwohl der physikalische Magen ja nicht der unmittelbare Ort der Schmerzen ist in dem Sinn, in welchem er der Ort der Verdauung ist« (Wittgenstein 1932, S. 657).

61,15 f. *unter Weißen oder unter Schwarzen:* Diese Bemerkung ist vor dem Hintergrund der immensen gesellschaftlichen Unterschiede zwischen Weißen und People of Color zu lesen, die 1950 noch in sehr viel stärkerem Maß herrschten. Rosa Parks (1913–2005) z. B. legte den Grundstein für die Bürgerrechtsbewegung in den USA erst fünf Jahre später, als sie nämlich verhaftet wurde, weil sie sich geweigert hatte, ihren Sitzplatz im Bus für einen weißen Fahrgast zu räumen. Martin Luther King (1929–1968) hielt seine berühmte Rede (»I Have a Dream«) erst 1963 vor 250 000 Menschen in Washington D. C.

67,7 *Lady Lovelace:* Augusta Ada King-Noel, Countess of Lovelace, geborene Hon. Augusta Ada Byron (1815–1852) veröffentlichte 1843 die Übersetzung eines französischen Artikels zu Babbages

Analytischer Maschine und versah sie mit einem eigenen umfangreichen Kommentar, in dem sie u. a. einen Algorithmus zur Berechnung der Bernoulli-Zahlen vorlegte, weswegen sie oft als die erste Programmiererin angesehen wird. Lovelace hatte als wohl Erste überhaupt den Unterschied zwischen einer Rechenmaschine und einem Computer sowie die Möglichkeit erkannt, mit diesem mehr als nur arithmetische Aufgaben zu bearbeiten (s. Kap. 4, insb. S. 146).

67,15 *konditionierter Reflex:* Der russische Mediziner Iwan Petrowitsch Pawlow (1849–1936) zeigte mit der sogenannten Pawlow'schen oder klassischen Konditionierung, dass eine angeborene Reaktion mit einer neuen, konditionierten Reaktion verknüpft werden kann. Im bekanntesten Beispiel wurde das Füttern eines Hundes immer von einem Glockenton begleitet, so dass der Speichel des Hundes schließlich allein durch Erklingen des Glockentons zu fließen begann.

73,11 *Differenzialanalysator:* von 1928 bis 1932 am Massachusetts Institute of Technology (MIT) gebaut, einer der ersten elektromechanischen Analog-Computer (s. Anm. 17,8 f.). Er konnte mehrere Differenzialgleichungen gleichzeitig bearbeiten und bestand aus Zahnrädern und Wellen, die von Elektromotoren angetrieben wurden. Die Ausgabe erfolgte mittels automatisch gedruckter Schaubilder.

75,18 *Mittelbegriff an nicht verteilten Positionen:* Diese Ausdrucksweise geht zurück auf die aristotelische Logik, die sogenannte Syllogistik (s. Anm. 99,2). Ob ein Schluss gültig ist, hängt demnach unter anderem davon ab, an welcher Position (als Subjekt oder als Prädikat) der Mittelbegriff steht, also derjenige Begriff, der nur in den beiden Prämissen, nicht aber in der Konklusion eines Syllogismus vorkommen darf. Der Sache nach geht es um Folgendes: Ist ein Konditional der Form »Wenn *p*, dann *q*.« gegeben, darf man aus der Verneinung des Nachsatzes (»Nicht *q*.«) auf die Verneinung des Vordersatzes (»Nicht *p*.«) schließen. Z. B.: »Wenn es regnet, dann ist die Straße nass. Die Straße ist nicht nass. Also regnet es nicht.« ist ein gültiger Schluss. Man darf jedoch nicht aus der Verneinung des Vordersatzes (»Nicht *p*.«) auf die Verneinung des Nachsatzes

(»Nicht *q*.«) schließen. »Wenn es regnet, dann ist die Straße nass. Es regnet nicht. Also ist die Straße nicht nass.« ist ein ungültiger Schluss, ein Fehlschluss (die Straße könnte ja nass sein, weil bei strahlendem Sonnenschein ein Wasserrohr geplatzt ist). Der Schluss, den Turing zunächst diskutiert, verneint ebenfalls den Vordersatz: »Wenn etwas eindeutige Verhaltensregeln hat, dann ist es eine Maschine. Menschen haben keine eindeutigen Verhaltensregeln. Also sind Menschen keine Maschinen.« Es handelt sich dabei somit um einen Fehlschluss. Bei einem gültigen Schluss müsste der Nachsatz verneint werden. Das ist bei dem Schluss der Fall, den Turing im Anschluss diskutieren wird: »Wenn etwas eine Maschine ist, dann ist es von eindeutigen Verhaltensgesetzen bestimmt. Menschen sind nicht von eindeutigen Verhaltensgesetzen bestimmt. Also sind Menschen keine Maschinen.«

79,2 *Telepathie:* Gedankenlesen bzw. Gedankenübertragung.

79,3 *Präkognition:* Zukunftsvorhersage.

Psychokinese: Ortsveränderung von Gegenständen durch Geisteskraft.

79,7 f. *statistischen Belege ... überwältigend:* Für eine Erläuterung von Turings anscheinend erstaunlich aufgeschlossener Haltung gegenüber außersinnlicher Wahrnehmung s. Kap. 6.2, insb. S. 175.

83,3 *Argumente positiver Art:* Positive Argumente stützen eine Position, indem sie konstruktiv Überlegungen anführen, die für sie sprechen, statt nur Einwände auszuräumen und Gegenargumenten zu begegnen.

87,7 *Bits:* s. Kap. 5.3, insb. S. 160 f.

91,11 f. *Überleben des Angepasstesten:* Die Wendung (engl.: *survival of the fittest*) wurde von Herbert Spencer (1820–1903) geprägt. Dieser wollte damit die zentrale Einsicht von Charles Darwin (1809–1882) einfangen, wonach in der Evolution durch natürliche Auslese jene bestehen, die die meisten reproduktiven Nachkommen haben. Insofern der Prozess der natürlichen Auslese Veränderungen nicht sprunghaft, sondern nur über viele Generationen hinweg herbeiführen kann, ist er, wie Turing hier bemerkt, eine langsame Methode zur Bemessung von (Fitness-)Vorteilen.

93,2 *Helen Keller:* Helen Adams Keller (1880–1968) war eine taub-

blinde Schriftstellerin. Mittels eines Fingeralphabets für Gehörlose, das auf der Handfläche buchstabiert wird, lernte Keller, sich mit Ihrer Umwelt zu verständigen. Später erlernte sie noch die Quadrat- und Braille-Schrift, mit der sie auch Bücher lesen und schreiben konnte.

93,27 *Casabianca:* Es muss in der Tat »Casabianca« heißen, nicht »Casablanca«. »Casabianca« ist ein Gedicht von Felicia Hemans (1793–1835), das im frühen 19. Jahrhundert verfasst und fortan Gegenstand des Unterrichts für Generationen von britischen Schülern wurde. Es ist schon daher nicht verwunderlich, dass Turing im Rahmen seiner Diskussion des Lernverhaltens einer Kind-Maschine gerade auf dieses Gedicht anspielt. Zudem geht es darin um den zwölfjährigen Sohn des Kapitans eines sinkenden Kriegsschiffs, der am Steuer ausharrt und schließlich bei einer Explosion zu Tode kommt, weil sein zwischenzeitlich schwer verwundeter Vater ihn angewiesen hatte, die Stellung zu halten. Obwohl der Junge mehrfach darum fleht, anders instruiert zu werden, folgt er dieser Anweisung bedingungslos, ohne aus eigenem Antrieb davon abzuweichen – genau wie man es von der Art von Maschine erwarten würde, die Turing in dieser Arbeit diskutiert.

Ja-/Nein-Fragen: Die Twenty-Questions-Methode ist von dem Partyspiel »Wer bin ich?« bekannt, bei dem die Spieler nicht wissen, welche Person sie verkörpern und durch geschickte Ja-/Nein-Fragen herausfinden müssen, wen sie darstellen. Im angelsächsischen Raum wird die Frageanzahl auf 20 Fragen beschränkt, um so den Reiz des Spiels zu erhöhen.

97,11 *Typhierarchie:* Die insbesondere durch Russell bekannt gewordene Typentheorie ist ein formales System, in dem jede Entität einem hierarchisch geordneten Typ zugeordnet wird. Sie dient dazu, eine Reihe von Paradoxa zu vermeiden, auf die man um die Jahrhundertwende unter anderem im Zuge des Versuchs traf, die Arithmetik auf die Logik zu reduzieren (s. Kap. 2, insb. S. 138). Zu den bekannteren zählt die Antinomie, die sich aus der Betrachtung der sogenannten Russell'schen Klasse ergibt, die definiert ist als die Klasse aller Klassen, die sich nicht selbst enthalten: Enthält sich diese Klasse nicht, erfüllt sie ihre Definition und müsste sich daher

selbst enthalten; enthält sie sich jedoch selbst, widerspricht sie ihrer Definition, dürfte sich mithin gerade nicht selbst enthalten. Die Typentheorie versucht, solche Inkonsistenzen zu vermeiden, indem sie die Elemente einer Klasse oder Menge einem niederen Typ zuordnet als die Menge selbst, so dass eine Menge sich niemals selbst enthalten kann. Das logische System, auf dem die von Turing an dieser Stelle diskutierte Maschine beruht, muss seiner Meinung nach nicht so komplex sein, dass sie eine Typhierarchie enthält, da sich Antinomien durch geeignete Befehle auch auf andere Weise vermeiden lassen.

97,12 *Typen-Fehlern:* ein solcher Fehler (engl.: *type fallacy*) liegt laut Russell dann vor, wenn man annimmt, dass sich sinnvoll sagen lässt, dass sich eine Klasse selbst enthält oder nicht enthält (s. Anm. 97,11).

99,2 *Modus Barbara:* »Barbara« lautet das lateinische Merkwort für eine Schlussform in der aristotelischen Syllogistik (s. Anm. 75,18). Die drei »a« in Barbara zeigen an, dass sowohl die Prämissen als auch die Konklusion allquantifiziert und bejahend (nicht negiert) sind. Ein Schluss im Modus Barbara ist z. B.: »Alle Menschen sind sterblich. Alle Griechen sind Menschen. Also sind alle Griechen sterblich.«

99,14 *Regeln ... zeitinvariant:* Zeitlich invariant ist demnach nur die Grundprogrammierung des Systems, wohingegen die gelernten Anteile durchaus zeitlich variant sein dürfen.

107,14 *Kleene:* Turing bringt hier im englischen Original einiges durcheinander. Kleenes Arbeit »General Recursive Functions of Natural Numbers«, die er vermutlich zitieren wollte, stammt aus dem Jahr 1936, nicht 1935, und wurde in der Zeitschrift *Mathematische Annalen* veröffentlicht, nicht im *American Journal of Mathematics.* Zwar hat Kleene im *American Journal of Mathematics* auf den von Turing im Original zitierten Seiten 1935 tatsächlich auch eine Arbeit veröffentlicht (»A Theory of Positive Integers in Formal Logic«), doch dürfte Turing diese an dieser Stelle nicht im Sinn gehabt haben.

Literaturhinweise

Werke von Alan M. Turing

On Computable Numbers, With an Application to the Entscheidungsproblem. In: Proceedings of the London Mathematical Society 42 (1936/37) Nr. 1. S. 241–265. [Dt.: Über berechenbare Zahlen mit einer Anwendung auf das Entscheidungsproblem. In: Andreas Ziemann (Hrsg.): Grundlagentexte der Medienkultur. Wiesbaden 2019. S. 169–182.]

Proposal for Development in the Mathematics Division of an Automatic Computing Engine (ACE) (1946). In: Carpenter/Doran 1986. S. 20–105.

Lecture to the London Mathematical Society on 20 February 1947. In: Carpenter/Doran 1986. S. 106–124.

Intelligent Machinery (1948). In: Copeland 2004. S. 395–432.

Can Digital Computers Think? (1951a) In: Copeland 2004. S. 482–486.

Intelligent Machinery, a Heretical Theory (1951b). In: Copeland 2004. S. 465–475.

The Chemical Basis of Morphogenesis. London [u. a.] 1952. (Philosophical Transactions of the Royal Society. B. 237.) S. 37–72.

Turing, Alan M. / Braithwaite, Richard / Jefferson, Geoffrey / Newmann, Max: Can Automatic Calculating Machines be Said to Think? (1952) In: Copeland 2004. S. 487–506. [Zit. als Turing u. a. 1952.]

The Collected Works of A. M. Turing. Bd. 1: Mechanical Intelligence. Hrsg. von Darrel C. Ince. Amsterdam 1992.

– Bd. 2: Morphogenesis. Hrsg. von Peter T. Saunders. Amsterdam 1992.

– Bd. 3: Pure Mathematics. Hrsg. von John L. Britton. Amsterdam 1992.

– Bd. 4: Mathematical Logic. Hrsg. von Robin O. Gandy / C. E. M. Yates. Amsterdam 2001.

Weiterführende Literatur zu Turing

Carpenter, Brian E. / Doran, Robert W. (Hrsg.): A. M. Turing's ACE Report of 1946 and Other Papers. Cambridge 1986.
Copeland, Jack B. (Hrsg.): The Essential Turing. Oxford 2004.
– / Bowen, Jonathan / Sprevak, Mark / Wilson, Robin (Hrsg.): The Turing Guide. Oxford 2017.
Dyson, George: Turings Kathedrale. Berlin 2016.
Epstein, Robert / Roberts, Gary / Beber, Grace (Hrsg.): Parsing the Turing Test. Berlin 2008.
Floyd, Juliet / Bokulich, Alisa (Hrsg.): Philosophical Explorations of the Legacy of Alan Turing. Berlin 2017.
Hochhuth, Rolf: Alan Turing. Hamburg 1987.
Hodges, Andrew: Alan Turing: The Enigma. London 1983. [Dt.: Alan Turing: Enigma. Übers. von Rolf Herken und Eva Lack. Wien ²1994.]
Petzold, Charles: The Annotated Turing. Indianapolis 2008.
Turing, Sara: Alan M. Turing. Cambridge 1959.

Sekundärliteratur

Asada, Minoru: Towards Artificial Empathy. How Can Artificial Empathy Follow the Developmental Pathway of Natural Empathy? In: International Journal of Social Robotics 7 (2015) S. 19–33.
Baker, Ryan / D'Mello, Sidney K. / Rodrigo, Ma. Mercedes / Graesser, Arthur: Better to be Frustrated Than Bored: the Incidence, Persistence, and Impact of Learners' Cognitive-Affective States During Interactions With Three Different Computer-Based Learning Environments. In: International Journal of Human-Computer Studies 68 (2010) Nr. 4. S. 223–241.
Biever, Celeste: The Easy Intelligence Tests that All Chatbots Fail. In: Nature 619 (2023) S. 686–689.
Block, Ned: Psychologism and Behaviorism. In: Philosophical Review 90 (1981) Nr. 1. S. 5–43.
– The Mind as the Software of the Brain. In: Daniel Osherson /

Smith, Edward (Hrsg.): Thinking: An Invitation to Cognitive Science. Bd. 3. Cambridge 1995. S. 377–425.
Boden, Margaret A.: Mind as Machine. 2 Bde. Oxford 2006.
Boole, George: The Mathematical Analysis of Logic. London 1847.
Carpenter, Brian E. / Doran, Robert W.: Introduction. In: Carpenter/ Doran 1986. S. 1–19.
Chollet, François: On the Measure of Intelligence. In: arXiv:1911. 01547v2 [cs.AI] (2019).
Church, Alonzo: A Note on the Entscheidungsproblem. In: Journal of Symbolic Logic 1 (1936) Nr. 1. S. 40 f.
– Review. A. M. Turing: On Computable Numbers, With an Application to the Entscheidungsproblem. In: Journal of Symbolic Logic 2 1937 Nr. 1. S. 42 f.
Colby, Kenneth M. / Hilf, Franklin D. / Weber, Sylvia / Kraemer, Helena C.: Turing-Like Indistinguishability Tests for the Validation of a Computer Simulation of Paranoid Processes. In: Artificial Intelligence 3 (1972) S. 199–221.
Copeland, Jack B. / Proudfoot Diane: On Alan Turing's Anticipation of Connectionism. In: Synthese 108 (1996) S. 361–377.
– Computable Numbers: A Guide. In: Copeland 2004. S. 5–216. [Zit. als 2004a.]
– Intelligent Machinery (1948) – Introduction. In: Copeland 2004. S. 395–409. [Zit. als 2004b.]
Davis, Martin: Computability and Unsolvability. New York 1958.
D'Mello, Sidney K.: A Selective Meta-Analysis on the Relative Incidence of Discrete Affective States During Learning With Technology. In: Journal of Educational Psychology 105 (2013) Nr. 4. S. 1082–1099.
– / Graesser, Arthur: AutoTutor and Affective Autotutor: Learning by Talking With Cognitively and Emotionally Intelligent Computers That Talk Back. In: ACM Transactions on Interactive Intelligent Systems 2 (2013) Nr. 4. Art. 23. S. 1–39.
Dennett, Daniel C.: Consciousness Explained. Boston 1991. [Dt.: Philosophie des menschlichen Bewusstseins. Übers. Franz Wuketits. Hamburg 1994.]
Descartes, René: Discours de la Méthode. Leiden 1637. [Dt.: Discours

de la Méthode. Bericht über die Methode. Frz./Dt. Übers. und hrsg. von Holger Ostwald. Stuttgart [2]2019.]

Dreyfus, Hubert: What Computers Can't Do. Cambridge 1972. [Dt.: Die Grenzen künstlicher Intelligenz. Was Computer nicht können. Übers. von Robin Cackett. Bodenheim 1989.]

– Being-in-the-World: A Commentary on Heidegger's Being and Time, Division I. Cambridge 1991.

– What Computers Still Can't Do. Cambridge 1992.

Frege, Gottlob: Die Grundlagen der Arithmetik (1884). Stuttgart 1987.

Gödel, Kurt: Über formal unentscheidbare Sätze der Principia Mathematica und verwandter Systeme I. In: Monatshefte für Mathematik und Physik 38 (1931) S. 173–198.

– On Undecidable Propositions of Formal Mathematical Systems (1934). In: K. G.: Collected Works. Bd. 1. Hrsg. von Solomon Feferman / John W. Dawson / Stephen C. Kleene / Gregory H. Moore / Robert M. Solovay / Jean van Heijenoort. Oxford 1986. S. 346–371.

Goodfellow, Ian / Bengio, Yoshua / Courville, Aaron: Deep Learning – Das umfassende Handbuch. Frechen 2018.

Haugeland, John: Understanding Natural Language. In: Journal of Philosophy 76 (1979) Nr. 11. S. 619–632.

– Artificial Intelligence. Cambridge 1985.

Heidegger, Martin: Sein und Zeit (1927). Tübingen 1953.

Hilbert, David: Mathematische Probleme. In: Nachrichten aus der königlichen Gesellschaft der Wissenschaften zu Göttingen, Mathematisch-physikalische Klasse (1900) Nr. 3. S. 253–262.

– Naturerkennen und Logik (1930). In: D. H.: Gesammelte Abhandlungen III. Berlin 1970. S. 378–387.

Hobbes, Thomas: Leviathan. London 1651. [Dt.: Leviathan. Engl./Dt. Übers. von Holger Hanowell. Hrsg. von Jürgen Klein. Stuttgart 2013.]

Jannai, Daniel / Meron, Amos / Lenz, Barak / Levine, Yoav / Shoham, Yoav: Human or Not? A Gamified Approach to the Turing Test. In: arXiv:2305.20010v1 [cs.AI] (2023).

Kaffka, Thomas: Neuronale Netze – Grundlagen. Frechen 2017.

Kleene, Stephen C.: General Recursive Functions of Natural Numbers. In: Mathematische Annalen 112 (1936) S. 727–742.

Kruse, Rudolf / Borgelt, Christian / Braune, Christian / Klawonn, Frank / Moewes, Christian / Steinbrecher, Matthias: Computational Intelligence: Eine methodische Einführung in Künstliche Neuronale Netze, Evolutionäre Algorithmen, Fuzzy-Systeme und Bayes-Netze. Wiesbaden ²2015.

Laplace, Piere-Simon: Über die Wahrscheinlichkeit (1814). In: Ostwald's Klassiker der exakten Wissenschaften. Hrsg. von Wolfgang Ostwald. Leipzig 1932. S. 1–6.

Leibniz, Gottfried Wilhelm: Scientia Generalis – Characteristica (1679) [1677–1690]. Berlin 1679.

– Machina arithmetica in qua non addition tantum et subtractio sed et multiplication nullo, divisio vero paene nullo animi labore peragantur (1685). [Engl.: Leibniz: On his Calculating Machine. In: David E. Smith (Hrsg.): A Source Book in Mathematics. New York 1984. S. 173–181.]

Lull, Raimundus: Ars generalis ultima (1305). Frankfurt a. M. 1970.

Marcus, Gary: What Comes After the Turing Test? In: The New Yorker. 9. Juni 2014. Online: https://www.newyorker.com/tech/elements/what-comes-after-the-turing-test

McCorduck, Pamela: Machines Who Think. San Francisco 1979.

McCulloch, Warren: Through the Den of the Metaphysician (1948). In: W. M.: Embodiments of Mind. Cambridge 1965. S. 142–156.

– / Pitts Walter: A Logical Calculus of the Ideas Immanent in Nervous Activity. In: Bulletin of Mathematical Biophysics 5 (1943) S. 115–133.

Menabrea, Luigi F. / Lovelace, Ada A.: Sketch of the Analytical Engine Invented by Charles Babbage. London 1843. [Dt.: Grundriß der von Charles Babbage erfundenen Analytical Engine. In: Bernhard Dotzler (Hrsg.): Babbages Rechen-Automate. Ausgewählte Schriften. Wien 1996 S. 309–381.]

Moskvichev, Arseny / Odouard, Victor Vikram / Mitchell, Melanie: The ConceptARC Benchmark: Evaluationg Understanding and Generalization in the ARC Domain. In: arXiv2305.0714v1 [cs.LG] (2023).

Neumann, John von: First Draft Report on the EDVAC. Moore School of Electrical Engineering, University of Pennsylvania 1945.

Newell, Allen / Shaw, John C. / Simon, Herbert (1959). Report on a General Problem-Solving Program. In: Proceedings of the International Conference on Information Processing (1959) S. 256–265.

– / Simon, Herbert: GPS, A Program That Simulates Human Thought (1961). In: Edward A. Feigenbaum / Julian Feldman (Hrsg.): Computers and Thought. New York 1995. S. 279–296.

Nikolić, Danko (2019). Is the Turing Test Still Relevant? How About Turing Time? In: Medium. 9. April 2019. Online: https://medium.com/savedroid/is-the-turing-test-still-relevant-how-about-turing-time-d73d472c18f1.

Penrose, Roger: The Emperor's New Mind. Oxford 1989.

Pratt, Joseph G. / Rhine, Joseph B. / Smith, Burke M. / Stuart, Charles E. / Greenwood, Joseph A.: Extra-Sensory Perception After Sixty Years: A Critical Appraisal of the Research in Extra-Sensory Perception. New York 1940.

Rumelhart, David / McClelland, James / PDP Research Group (Hrsg.): Parallel Distributed Processing. 2 Bde. Cambridge 1986.

Russell, Bertrand / Whitehead, Alfred N.: Principia mathematica. Cambridge 1910.

Saygin, Ayse P. / Cicekli, Ilyas / Akman, Varol: Turing Test: 50 Years Later. In: Minds and Machines 10 (2000) Nr. 4. S. 463–518.

Searle, John: Minds, Brains and Programs. In: Behavioral and Brain Sciences 3 (1980) S. 417–424.

Shannon, Claude E.: A Mathematical Theory of Communication. In: Bell Systems Technical Journal 27 (1948) S. 379–423, 623–656.

Stephan, Achim: Was zeichnet eine moderne Auffassung von Geist aus? In: History of Philosophy & Logical Analysis 18 (2015a) S. 114–128.

– Empathy for Artificial Agents. In: International Journal of Social Robotics 7 (2015b) S. 111–116.

Sterrett, Susan G.: Turing's Two Tests for Intelligence. In: Minds and Machines 10 (2000) Nr. 4. S. 541–559.

Traiger, Saul: Making the Right Identification in the Turing Test. In: Minds and Machines 10 (2000) Nr. 4. S. 561–572.

Tolman, Edward: Cognitive Maps in Rats and Men. In: Psychological Review 55 (1948) Nr. 4. S. 189–208.

Warwick, Kevin / Shah, Huma: Can Machines Think? A Report on Turing Test Experiments at the Royal Society. In: Journal of Experimental & Theoretical Artificial Intelligence 28 (2016) Nr. 6. S. 989–1007.

Walter, Sven: Kognition. Stuttgart 2014.

Webster, Craig: Alan Turing's Unorganized Machines and Artificial Neural Networks: His Remarkable Early Work and Future Possibilities. In: Evolutionary Intelligence 5 (2012) S. 35–43.

Weizenbaum, Joseph: ELIZA – A Computer Program for the Study of Natural Language Communication Between Man and Machine. In: Communications of the ACM 9 (1966) Nr. 1. S. 36–45.

Wittgenstein, Ludwig: Nachlass: Typescript 212 (1932). http://www.wittgensteinsource.com/BTE/Ts-212,657[1]_d

– Philosophical Investigations. London 1953. [Dt.: Philosophische Untersuchungen. Frankfurt a. M. 2003.]

Zuse, Konrad: Der Computer – Mein Lebenswerk. Wiesbaden 1970. [5]2010.

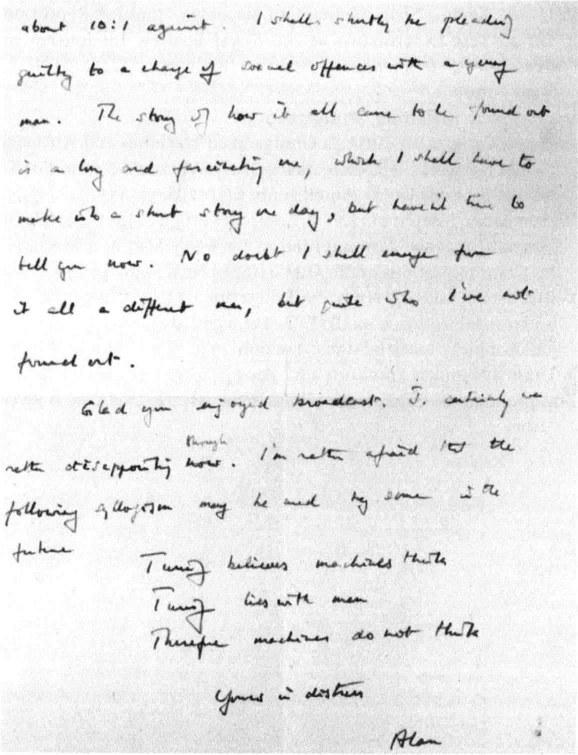

about 10:1 against. I shall shortly be pleading guilty to a charge of sexual offences with a young man. The story of how it all came to be found out is a long and fascinating one, which I shall have to make into a short story one day, but haven't the time to tell you now. No doubt I shall emerge from it all a different man, but quite who I've not found out.

Glad you enjoyed broadcast. J. certainly was rather disappointing though now. I'm rather afraid that the following syllogism may be used by some in the future.

Turing believes machines think
Turing lies with men
Therefore machines do not think

Yours in distress

Alan

Abb. 1: Alan Turings defätistischer Syllogismus in einem Brief (Copyright © P. N. Furbank) an seinen Freund und Mathematikerkollegen Norman Routledge aus dem Jahr 1952, kurz bevor er in der gegen ihn angestrengten Gerichtsverhandlung seine Homosexualität einräumte und sich der groben Unzucht und der sexuellen Perversion schuldig bekannte.

Nachwort

Von Achim Stephan und Sven Walter
mit Tobias Anton, Micaela Barkmann,
Florence Bockting, Guido Dielen, Leonie Dziomba,
Anne Lang, Marcel Ruland und Paul Schütze

> »I'm afraid that the following syllogism may be used by some in the future.
> – Turing believes machines think
> – Turing lies with men
> – Therefore machines do not think
> Yours in distress, Alan«
>
> Alan M. Turing, 1952 (Hodges 1983, S. xxix)

Wenn die Bank von England 2021 einen 50-Pfund-Schein mit dem Konterfei von Alan Mathison Turing in Umlauf gebracht haben wird, wird er einer illustren Runde von Größen der Weltgeschichte beitreten. Völlig zu Recht. Er wurde zwar nur zweiundvierzig Jahre alt, steht aber fraglos auf einer Stufe mit anderen Auserwählten wie Jane Austen, Winston Churchill, Charles Darwin, Sir Isaac Newton oder William Shakespeare. Im Zweiten Weltkrieg trug der schüchterne, stotternde und unsichere, manchmal aber auch überhebliche, halsstarrige und reizbare Mathematiker entscheidend zum Sieg der Alliierten über Hitlerdeutschland bei, indem er ein mechanisiertes Verfahren zur Entschlüsselung der Chiffrierungsmaschine Enigma der Deutschen entwickelte, und es so ermöglichte, ihre verschlüsselten Nachrichten zu dekodieren. »Ich behaupte nicht, dass wir wegen dem, was Turing geleistet hat, den Krieg gewonnen haben«, sagte ein damaliger Kollege einmal,

»aber ohne ihn hätten wir ihn womöglich verloren« (McCorduck 1979, S. 53). Turing war jedoch nicht nur Kriegsheld. Er, der zu einer Zeit, zu der dies alles andere als selbstverständlich war, aus seiner Homosexualität nie einen Hehl machte, und der auch in sonstigen Dingen den meisten seiner Mitmenschen weit voraus war, war vieles mehr: herausragender Mathematiker und Kryptoanalytiker, Vater der Computerwissenschaft, Großvater nahezu aller Strömungen auf dem Gebiet der Künstlichen Intelligenz und nicht zuletzt Erfinder und Namensgeber des Turingtests, mit dem er der Frage auf den Grund zu gehen versuchte, ob Maschinen denken können. Der folgende Abriss kann es nur andeuten, aber diese Frage ist im Grunde Turings Lebenswerk. Alles, was er zeitlebens geleistet hat, war mit ausschlaggebend dafür, dass er – als Allererster überhaupt – diese Frage auch nur stellen konnte.

1. Wer war Turing?

Alan Mathison Turing wurde am 23. Juni 1912 als zweiter Sohn von Julius Mathison und Ethel Sara Turing in London geboren. Beide entstammten dem großbürgerlichen Adel, waren aber nicht besonders wohlhabend. Für Alans Geburt waren sie nach Großbritannien gereist, gingen aber schon bald wieder zurück nach Indien, wo sie seit 1896 lebten. Alan und sein Bruder John blieben in England zurück und wuchsen bei einer Pflegefamilie auf, ohne nennenswerte Förderung von Ausdruck, Originalität oder Entdeckergeist. Alan wird als liebenswert und geduldig beschrieben. Er soll sich binnen drei Wochen ohne fremde Hilfe selber das Le-

sen beigebracht haben und von allem fasziniert gewesen sein, was mit Zahlen, Logik und Rätseln zu tun hatte. Er fiel jedoch schon früh durch seine Eigenarten auf – er war unsicher, stotterte und lehnte jede Form von Konventionen strikt ab. Noch als Erwachsener konnte er Smalltalk, den er als fade Konversation auffasste, nicht ertragen. Was er wirklich mochte, war ein durch und durch streitbarer Meinungsaustausch. Gefiel ihm die Gesellschaft nicht, konnte es sein, dass er sich ohne ein Wort davonstahl. Sein Stottern, sein Schweigen, sein grelles Lachen und seine Angewohnheit, seinem Gesprächspartner nicht in die Augen sehen zu wollen, waren vielen unangenehm.

1918 kam Alan auf die private Tagesschule St. Michael's. Sein Interesse galt den Naturwissenschaften und der Mathematik. Fächer wie Latein waren ihm hingegen völlig gleichgültig, was seine Schullaufbahn gefährdete. Trotzdem kam er 1926 an die Sherborne School, eine Internatsschule für Jungen in Dorset. Als er am ersten Schultag in Southampton ankam, hatte gerade ein Generalstreik begonnen. Da er aber unbedingt zur Schule wollte, fuhr er die restlichen einhundert Kilometer kurzerhand mit dem Fahrrad. In Sherborne lernte Alan den knapp ein Jahr älteren Christopher Morcom (1911–1930) kennen, der seine Leidenschaft für Naturwissenschaften teilte. Mit Christopher verband Alan eine Zeit intensiver intellektueller Kameradschaft. Christophers Tod im Februar 1930 traf ihn tief und nachhaltig.

Turings Interesse an Naturwissenschaften stieß bei den Lehrkräften des nach dem viktorianischen Zeitalter noch immer stark humanistisch geprägten England auf wenig Gegenliebe. Dennoch fiel seine besondere Begabung auf,

auch Aufgaben zu lösen, deren Grundlagen ihm noch gar nicht unterrichtet worden waren. So verstand er z. B. bereits mit 16 Jahren die Arbeiten von Albert Einstein (1879–1955) und anderen (s. Anm. 25,24) zur Quantenmechanik und Relativitätstheorie. Nach wie vor lernte er jedoch nur das, was ihn interessierte. Die Schule konnte er daher nur mit Mühe erfolgreich abschließen.

Ab Oktober 1931 studierte Turing Mathematik am King's College in Cambridge. Dort fand er sein erstes richtiges Zuhause. 1934, im Alter von 22 Jahren, beendete er das Studium mit einem hervorragenden Abschluss. Durch eine Vorlesung von Max Newman (1897–1984) erfuhr Turing 1935 vom Entscheidungsproblem (s. Kap. 2), für das er eine verblüffend einfache Lösung fand (s. Kap. 5.2). Sie erschien 1936 in seinem bahnbrechenden Aufsatz »On Computable Numbers, With an Application to the Entscheidungsproblem«, für den er 1951 zum Fellow der Royal Society gewählt wurde. Er stieß darin auf eine Einsicht, die für die Entwicklung moderner Computer von immenser Bedeutung war – dass sich nämlich Programme und Daten nicht prinzipiell voneinander unterscheiden (s. Kap. 5.1).

Ab September 1936 promovierte Turing in Princeton bei Alonzo Church (1903–1995). Im Sommer 1938 ging er zurück nach Cambridge und besuchte dort unter anderem einen Kurs an der Government Code and Cypher School. Darüber hinaus nahm er, ungewöhnlich für Mathematiker, an Ludwig Wittgensteins (1889–1951) Vorlesung über die Philosophie der Mathematik teil und diskutierte mit diesem vehement über den Formalismus in der Mathematik (s. Kap. 2). Parallel arbeitete er für die kryptoanalytische Abteilung des britischen Geheimdienstes in Bletchley Park,

die von den Deutschen verschlüsselte Funksprüche zu dekodieren versuchte. Auf der Basis polnischer Vorarbeiten konstruierte Turing zusammen mit Gordon Welchman (1906–1985) durch brillante Mechanisierung subtiler logischer Schlussfolgerungen eine elektromechanische Maschine, die sogenannte Turing-Bombe. Damit gelang die mit kriegsentscheidende Dechiffrierung der deutschen Verschlüsselungsmaschine Enigma.

Im November 1942 ging Turing in die USA, um sich über die Verschlüsselung von Sprachsignalen auszutauschen. Nach seiner Rückkehr wurde er Berater in Bletchley Park, das jedoch nach dem Krieg aufgelöst wurde. Alle Mitarbeiter wurden entlassen und gleichzeitig zu dauerhafter Geheimhaltung verpflichtet. So erfuhr lange Zeit niemand von Turings Leistungen, für die ihm aber 1946 der Order of the British Empire verliehen wurde.

1945 begann Turing am National Physical Laboratory mit der Arbeit an der *Automatic Computing Engine*, der ersten (s. Kap. 5.3) vollständigen Spezifikation eines elektronischen, speicherprogrammierbaren, digitalen Universalrechners. Er war jedoch frustriert, da dessen Konstruktion nicht vorankam und daraufhin bald andere Computerprojekte in Cambridge und Manchester die Nase vorn hatten.

In dieser Zeit versäumte es Turing, seine Arbeiten zu den fundamentalen Prinzipien der Informatik zu publizieren. Stattdessen verbrachte er seine Zeit mit Studien in Neurologie und Physiologie, aus denen eine Publikation über (im heutigen Sprachgebrauch) neuronale Netze entstand (s. Kap. 6.3), die jedoch zu Lebzeiten nie veröffentlicht wurde.

Im Mai 1948 wurde Turing stellvertretender Direktor des Computing Laboratory an der Universität Manchester

(ohne dass es, und das ist charakteristisch für Turings sperrige Biografie, einen vorgesetzten Direktor gegeben hätte). Allerdings hatten Ingenieure die Entwicklung des dortigen *Manchester Mark 1* bestimmt, und Turing organisierte lediglich im Nachhinein die Programmierung der Elektronik (s. Kap. 5.3).

Im Jahr 1950 veröffentlichte Turing die vorliegende Arbeit »Computing Machinery and Intelligence«, die ihn zu einem der Gründungsväter der Kognitionswissenschaft werden ließ. Nach 1950 untersuchte er die mathematische Theorie der Morphogenese in der Biologie. Insbesondere interessierte ihn die Frage, wie aus anfänglich symmetrischen Strukturen asymmetrische entstehen können. Er beschrieb unter anderem einen Mechanismus, der erklärt, wie Reaktions-Diffusions-Systeme spontan Strukturen entwickeln können, und der auch heute noch als »Turingmechanismus« im Mittelpunkt vieler chemisch-biologischer Strukturbildungstheorien steht (Turing 1952).

Im Januar 1952 lernte Turing Arnold Murray (1933–1989) kennen, der erst bei ihm übernachtet und danach einem Komplizen geholfen haben soll, bei Turing einzubrechen. Turing brachte den Vorfall zur Anzeige. Bei der Vernehmung gestand er ein, eine sexuelle Beziehung zu Murray gehabt zu haben. In Großbritannien war Homosexualität zu jener Zeit, wie in vielen anderen Ländern auch, strafbar. Murray und Turing wurden wegen grober Unzucht und sexueller Perversion angeklagt. Bei der Gerichtsverhandlung wurde Turing aufgrund seiner Verdienste im Krieg eine Entlassung auf Bewährung angeboten, sofern er sich einer Hormontherapie unterzöge. Turing akzeptierte. Er verlor jedoch seinen Sicherheitsstatus und durfte nicht weiter für

das Government Communications Headquarters (GCHQ) arbeiten. Die Behandlung mit Östrogen hatte erhebliche Nebenwirkungen und soll Turing sehr zugesetzt haben: Er entwickelte eine schwere Depression und begann im Herbst 1952 mit einer Therapie. Den Rest seiner Karriere verbrachte er in Manchester, wo er eine erstmals und eigens für ihn eingerichtete Vorlesung über die Theorie der Informatik hielt.

Am 7. Juni 1954 starb Turing an einer Cyanidvergiftung, offiziell durch Suizid, anscheinend durch Verzehr eines vergifteten Apfels, den man halb aufgegessen neben ihm fand.

Turing wurde erst spät rehabilitiert. 2009 sprach der damalige britische Premierminister Gordon Brown eine offizielle Entschuldigung im Namen der Regierung für die »entsetzliche Behandlung« Turings aus und würdigte seine außerordentlichen Verdienste. Am 24. Dezember 2013 sprach Königin Elisabeth II. postum ein *Royal Pardon* aus. Im April 2016 entschuldigte sich Robert Hannigan als Leiter des britischen Geheimdienstes GCHQ für die Behandlung von Homosexuellen durch seine Institution und bezog sich dabei ausdrücklich auch auf Alan Turing.

2. Was macht Turing so bedeutend?

Als der passionierte Langstreckenläufer Turing im Frühsommer 1935 zu einem Trainingslauf aufbrach, ahnte niemand, dass er an diesem Nachmittag während einer Pause auf einer Weide nahe Grantchester nicht nur den Grundstein legen würde für das endgültige Aus des Hilbertprogramms in der Mathematik, sondern auch für die Entwick-

lung moderner Computer sowie für seine Frage, ob Maschinen denken können.

In den 1920er Jahren befand sich die Mathematik noch immer in einer Grundlagenkrise. Ausgehend von vergleichsweise einfachen geometrischen und algebraischen Überlegungen in der Antike, die sich zumindest prinzipiell durch Messen und Zählen überprüfen ließen, war die Mathematik zusehends abstrakter geworden. Den Kontakt zum sinnlich Fassbaren als potenzieller Prüfinstanz hatte sie dabei verloren. Konstrukte der reinen Mathematik, z. B. die Idee eines Hilbert-Raums mit unendlich vielen Dimensionen, erwiesen sich zwar als theoretisch fruchtbar, hatten jedoch kein Gegenstück mehr in der erfahrbaren Welt. Mathematische Ausdrücke standen nicht länger für etwas zumindest prinzipiell Mess- und Zählbares. Sie hatten vielmehr den Charakter bloßer Symbole bekommen, die nach festgelegten mathematischen Regeln oder Formalismen (man spricht daher auch vom Formalismus in der Mathematik) in andere Symbole zu überführen waren.

Allerspätestens mit der Entdeckung nicht-euklidischer Geometrien in der zweiten Hälfte des 19. Jahrhunderts, in denen es durch jeden Punkt in einer Ebene zu einer Geraden entweder gar keine oder mindestens zwei Parallelen gibt, war deutlich geworden, dass diese Regeln vom jeweiligen mathematischen System abhängig sind. Es gibt also nicht *eine* Mathematik, sondern ganz unterschiedliche, und mathematische Aussagen können in einigen davon wahr und in anderen falsch sein. Giuseppe Peano (1858–1932) hatte die Arithmetik und David Hilbert (1862–1943) die Geometrie auf eine axiomatische Grundlage gestellt. Sie hatten einige wenige Grundsätze, *Axiome*, formuliert, die »eines Bewei-

ses weder fähig noch bedürftig« (Frege 1884, S. 28) waren, aus denen sich aber die gesamte Arithmetik und Geometrie ableiten ließ. Was aber garantierte, dass diese Axiome *vollständig* und *konsistent* waren, dass sich aus ihnen also *alle* und *nur* die wahren Aussagen ableiten ließen? Wenn unzählige Umformungen abstrakter Formalismen nötig waren, um eine mathematische Aussage zu beweisen, die an der physischen Welt nicht mehr zu überprüfen war, was garantierte dann, dass sich mit einem ähnlich langen, ebenso abstrakten Beweis nicht ihr Gegenteil beweisen ließ?

Sogenannte Logizisten wie Gottlob Frege (1848–1925) hatten versucht, dieses Problem durch die Zurückführung der Arithmetik auf die Logik zu lösen (z. B. Frege 1884; s. Kap. 4). Dieser Versuch war jedoch gescheitert, da Bertrand Russell (1872–1970) mit der sogenannten Russell'schen Antinomie 1902 zeigen konnte, dass ein solches Unterfangen zu Widersprüchen führt (s. Anm. 97,11). Zwar legte Russell selbst zusammen mit Alfred North Whitehead (1861–1947) in den *Principia Mathematica* (1910) die erste Umsetzung einer axiomatischen Mengentheorie im Sinne des Logizismus vor, diese enthielt jedoch Axiome wie z. B. das Unendlichkeitsaxiom (demzufolge es unendlich viele Zahlen gibt), die nicht logisch evident waren.

Vor diesem Hintergrund formulierte der Göttinger Mathematiker Hilbert 1928 drei zentrale Fragen:

1. Ist die Mathematik *vollständig*, d. h., ist jede wahre mathematische Aussage aus den Axiomen ableitbar?
2. Ist die Mathematik *konsistent*, d. h. ist es unmöglich, aus den Axiomen sowohl eine mathematische Aussage als auch ihre Verneinung abzuleiten?

3. Ist die Mathematik *entscheidbar*, d. h. gibt es eine effektive Methode (einen Algorithmus), mit der sich für jede mathematische Aussage in endlich vielen Schritten entscheiden lässt, ob sie aus den Axiomen ableitbar ist?

Hilbert zufolge gab es in der Mathematik kein »unlösbares Problem« (Hilbert 1930, S. 387), »kein *ignoramus et ignorabimus*« (Hilbert 1900, S. 262). Zeitnah, so seine Hoffnung, würden alle drei Fragen seines Hilbertprogramms mit »Ja« beantwortet werden. Wie sich bald herausstellen sollte, war er zu optimistisch.

Kurt Gödel (1906–1978) zeigte schon kurz darauf, dass es in jedem hinreichend starken widerspruchsfreien System wie z. B. der Arithmetik unbeweisbare Aussagen gibt (dass ein solches System also nur dann vollständig sein kann, wenn es inkonsistent ist, d. h. wenn sich in ihm *alle* Aussagen, also sowohl wahre als auch falsche, ableiten lassen) und dass ein solches System seine eigene Widerspruchsfreiheit nicht beweisen kann. Gödel (1931) zeigte der Mathematik ihre prinzipiellen Grenzen auf: In einem widerspruchsfreien Axiomensystem ist nicht jede wahre Aussage beweisbar. Hilbert musste einen ersten Dämpfer hinnehmen.

Eine Vorlesung von Newman über die Grundlagen der Mathematik, die Turing im Frühjahr 1935 hörte, schloss mit einer Darstellung von Gödels Einsichten. Hilberts dritte Frage nach der *Entscheidbarkeit* der Mathematik war von diesen Einsichten jedoch nicht betroffen. Nach wie vor war offen, ob es, wie Newman es ausdrückte, einen *mechanischen Prozess* (eine effektive Methode) gibt, mit dem sich für jede mathematische Aussage in endlicher Zeit entscheiden lässt, ob sie beweisbar ist.

Ein Jahr später war klar, dass Hilbert abermals zu optimistisch gewesen war. Turing (1936/1937) hatte Newman beim Wort genommen: Er konstruierte (auf dem Papier) für jede zu berechnende mathematische Aufgabe einen mechanischen Prozess (eine Turingmaschine), der diese berechnen kann; und er konstruierte eine weitere Maschine (eine universelle Turingmaschine), die all das berechnen kann, was alle diese Maschinen zusammen berechnen können. Mit anderen Worten: Er zeigte, dass eine einzige (universelle Turing-)Maschine in Gestalt von Software unendlich viele (Turing-)Maschinen emulieren (simulieren) kann (s. Kap. 5.1). Zugleich jedoch wies er darauf hin, und das war die entscheidende Idee, die ihm im Frühsommer 1935 gekommen war, dass es immer Funktionen geben wird, für die nicht zu garantieren ist, dass eine solche Maschine sie in endlicher Zeit berechnen können wird (s. Kap. 5.2).

Damit versetzte Turing dem Hilbertprogramm den endgültigen Todesstoß: Die Arithmetik ist nicht nur unvollständig (sofern sie konsistent ist), sie ist auch nicht entscheidbar. Quasi im Vorbeigehen zeigte er jedoch, dass eine Maschine all das tun kann, was Menschen tun, wenn sie ein Problem (algorithmisch) lösen. Lag es da nicht auf der Hand zu fragen, ob Maschinen denken können? Nein! Es würde noch zehn Jahre dauern, bis Turing soweit war, auch wenn die Vorstellung, dass menschliches Denken seiner Natur nach etwas ist, das auch von einer Maschine zu bewerkstelligen ist, zugegebenermaßen nicht mehr gerade taufrisch war, als sie sich in der zweiten Hälfte der 1940er Jahre in seinen Überlegungen zu konkretisieren begann. Bereits zu Beginn des 14. Jahrhunderts hatte Raimund Lull (um 1232–1316) in seiner *Ars generalis ultima* eine logische Maschine

aus mehreren drehbaren Scheiben konzipiert, die verschiedene Verknüpfungen von Begriffen herstellen konnten, die Schlussformen der aristotelischen Syllogistik (s. Anm. 75,18) entsprachen. Durch diese mechanische Kombination von Begriffen sollte sie alle wissbaren Wahrheiten generieren und so insbesondere Glaubensfragen entscheiden können. Zumindest dem Anspruch nach handelte es sich dabei also um das, was Allen Newell (1927–1992) und Herbert Simon (1916–2001) mehr als ein halbes Jahrtausend später als »general problem solver« bezeichnen sollten (Newell/Shaw/Simon 1959; Newell/Simon 1961). Natürlich konnte Lulls Maschine diesen Anspruch nicht erfüllen. Seine Idee, Meinungsverschiedenheiten maschinell zu beseitigen, wirkte aber weiter. Im *Leviathan* definiert Thomas Hobbes (1588–1679) Vernunft als »Berechnen (d. h. Addieren und Subtrahieren)« allgemeiner Begriffe, »auf die man sich zur *Kennzeichnung* und *Bedeutung* festgelegt hat«. Dabei meint »*kennzeichnen*, falls wir für uns rechnen, und *bedeuten*, falls wir unsere eigenen Berechnungen anderen demonstrieren und darlegen möchten« (1651, Kap. 5). Und Gottfried Wilhelm Leibniz (1646–1716) griff Lulls Idee ganz explizit auf: Für ihn war Denken auf Ableitungen in einem System logischen Schließens (wie seinem sogenannten Calculus Ratiocinator) zurückführbar, so dass »Schließen und Rechnen dieselbe Sache« wird und sich Meinungsverschiedenheiten durch Rechnen auflösen lassen: »Es wird dann beim Auftreten von Streitfragen [...] genügen, Schreibzeug zur Hand zu nehmen, sich vor das Rechengerät zu setzen und zueinander [...] zu sagen: Laßt uns rechnen!« (1679, VI.4, S. 450, VI.6, S. 1030). Durchsetzen konnte sich dieser Optimismus jedoch (vorerst) nicht.

Zum einen gab es schon immer einflussreiche Kritiker. René Descartes (1596–1650) z. B. war für seine These berüchtigt, dass nicht-menschliche Tiere bloße Automaten seien, und er dehnte diesen Mechanismus sogar auf den menschlichen Körper aus. Die Verstandestätigkeit des Menschen, so Descartes allerdings, ließe sich *nicht* rein maschinell verstehen. Seine Skepsis diesbezüglich nimmt Lady Lovelaces Einwand vorweg, Maschinen könnten nichts »wirklich Neues vollbringen« und »uns niemals überraschen« (S. 69 [450]; s. Kap. 4, 6.2):

> Wenn es dagegen [Maschinen] gäbe, die unseren Körpern ähnelten und unsere Handlungen, soweit dies für die Maschine praktisch möglich ist, imitierten, so hätten wir immer noch zwei sehr sichere Mittel, um zu erkennen, dass sie deswegen noch keine wirklichen Menschen sind: Erstens könnten sie niemals Worte oder andere Zeichen zusammensetzen, um sie zu benutzen, wie wir es tun, um anderen unsere Gedanken darzulegen. [...] Zweitens werden sie, obwohl sie manche Dinge ebenso gut oder vielleicht besser als irgendeiner von uns verrichten, unzweifelhaft in manchen anderen versagen, durch die man entdecken würde, dass sie nicht durch Erkenntnis handelten, sondern nur gemäß der Disposition ihrer Organe. (Descartes 1637, 5.10)

Zum anderen war der intellektuelle und technologische Boden für die Vorstellung denkender Maschinen noch nicht weit genug bereitet. Überlegungen wie die von Leibniz führten zwar zu (erst analogen, später digitalen; s. Anm. 17,8 f.) Maschinen, die zunächst rechnen (s. Kap. 3) und

dann auch logische Operationen ausführen konnten (s. Kap. 4). Niemand wäre jedoch auf die Idee gekommen zu fragen, ob diese Maschinen *denken* können, ob sie also mehr als ein bloßes Hilfsmittel sind und auch als *Modell* des menschlichen Geistes taugen. Bis zu Turings Lebzeiten hatte sich daran im Wesentlichen nichts geändert (s. Kap. 5.2).

Vor diesem Hintergrund zeigt sich die immense Bedeutung von Turing genau in der Frage »Können Maschinen denken?«. In die erste Reihe der modernen Wissenschaftsgeschichte katapultierte ihn demnach gar nicht so sehr sein überzeugtes »Ja!« als Antwort. Wie genau die Frage, ob Maschinen (wirklich) denken können, zu beantworten ist, ist schließlich auch heute noch umstritten. Was ihm auf ewig einen Platz in der Ruhmeshalle der Kognitionswissenschaft sicherte, war vielmehr die Tatsache, dass er die Geistesgröße besaß, diese Frage überhaupt zu stellen. Was aber war dafür alles notwendig?

3. Rechnende Maschinen

Die ersten bescheidenen Vorboten jener Maschinen, denen Turing 1950 eine Denkfähigkeit attestierte, wurden im frühen 17. Jahrhundert konstruiert. Die ganz und gar nicht bescheidenen Träume von z.B. Lull und Leibniz (s. Kap. 2) spielten dabei jedoch keine Rolle, denn die fraglichen Maschinen sollten zuverlässig *rechnen*, nicht *denken*. Es handelte sich um technisch versierte Behelfe, die die Erstellung großer Zahlenkolonnen (etwa in der Astronomie oder der Navigation) automatisieren sollten, die bei händischer Berechnung Flüchtigkeitsfehler enthielten. Sie beanspruchten

jedoch *nicht*, das einzufangen, nachzuahmen oder zu erhellen, was Menschen tun, wenn sie rechnen.

Als etwa 1642 Blaise Pascal (1623–1662) als einer der Ersten eine seiner zahnradbetriebenen Rechenmaschinen konstruierte, die über Wählscheiben eingegebene Zahlen addieren konnten, war sie als Arbeitserleichterung für seinen Vater gedacht, der Steuerbeamter war. Ganz ähnlich wie später Frege (s. Kap. 4), betonte Pascal, die Maschine solle *nicht* einfangen, was Menschen tun, wenn sie rechnen, sondern nur jene Gesetze befolgen, an die auch der Mensch beim Rechnen gebunden ist (Boden 2006, S. 119). Die rund 30 Jahre später von Leibniz entwickelten Rechenmaschinen, von denen einige auch die Multiplikation und Division beherrschten, waren ebenfalls als nützliche Werkzeuge konzipiert, ohne dass er in ihnen auch nur den ersten Schritt hin zu seinem mechanisierten »Calculemus!« gesehen hätte (z. B. Leibniz 1685).

Dasselbe gilt für die rein mechanischen Differenzmaschinen (engl.: *difference engines*), deren Grundzüge Charles Babbage (1791–1871) zu Beginn der 1820er Jahre skizzierte und mit denen noch bis in die 1950er Jahre hinein automatisiert polynominale Funktionen ausgewertet und Logarithmentafeln generiert wurden. Sobald moderne Computer Logarithmentafeln überflüssig machten, gerieten die Maschinen zu ihrer Erstellung allerdings in Vergessenheit. Ein tiefergehendes akademisches Interesse an ihnen bestand nicht. Ihre Begrenztheit war schon Babbage deutlich geworden, der ab 1832 den Rest seines Lebens der Entwicklung einer Maschine mit wesentlich umfassenderem Anspruch widmete: Seine Analytische Maschine (engl.: *analytical engine*) konnte auch algebraische Aufga-

ben lösen und logische Verknüpfungen herstellen, war also zumindest prinzipiell in der Lage, nicht nur mit Zahlen, sondern auch mit Symbolen zu arbeiten.

4. Logische Maschinen

Turing selbst führt Babbages Analytische Maschine als Vorläufer digitaler Rechner an (S. 27 [438]). In der Tat wies sie erstaunliche Ähnlichkeiten zu modernen Computern auf – insbesondere ließ sie sich für unterschiedliche Aufgaben programmieren, ohne dass man Änderungen an der Hardware vornehmen musste. Die Hardware bestand wie heute noch üblich aus getrennten Komponenten, nämlich Rechenwerk, Speicher sowie Ein- und Ausgabeeinheit. Letztlich war die Analytische Maschine der erste programmierbare digitale Universalrechner – den Babbage jedoch nie bauen, sondern nur auf dem Papier entwerfen sollte.

Wie die Differenzmaschine sollte die Analytische Maschine rein mechanisch mittels auf vertikalen Achsen montierter Zahnräder und Scheiben arbeiten; angetrieben wurde sie von einer Dampfmaschine. Sie sollte arithmetische Operationen in beliebiger Reihenfolge wiederholt bzw. iteriert und automatisiert ausführen können, ohne dass der Benutzer bei jedem Schritt händisch neue Einstellungen hätte vornehmen müssen. Der weitere Verlauf der Berechnung konnte von einem Zwischenergebnis abhängen. Babbage nahm damit ein zentrales Element der modernen Programmierung vorweg, nämlich das Konzept der bedingten Verzweigung.

Die Analytische Maschine sollte mittels Lochkarten programmiert werden, eine Technik, die Joseph-Marie Jacquard

(1752–1834) zur Steuerung automatischer Webstühle entwickelt hatte und die noch bis in die 1970er Jahre hinein verbreitet war. Lochkarten sind an einigen Stellen durchstochen und an anderen nicht. Tastet man die Löcher ab, wird ein binäres System erzeugt (s. Kap. 5.3), mit dem sich z. B. ein Webstuhl steuern lässt: Trifft die Abtastnadel auf ein Loch, geht der Faden hoch, trifft sie auf Papier, bleibt er unten. Auf diese Weise lassen sich Maschinen für unterschiedliche Aufgaben programmieren.

Als Erste, nicht nur als erste Frau, sondern als Erste überhaupt, erkannte Ada Lovelace (1815–1852), Tochter des Dichters Lord Byron (1788–1824) und Babbages Assistentin, den immensen Unterschied zwischen spezialisierten Rechenmaschinen und programmierbaren Universalrechnern. Letztere konnten nicht nur arithmetische, sondern auch algebraische Probleme bearbeiten (s. Anm. 67,7). In ihrer Übersetzung einer französischen Arbeit zur Analytischen Maschine, die Lovelace mit umfangreichen eigenen Anmerkungen versah, fasste sie sogar noch weit mehr ins Auge:

> Am treffendsten können wir sagen, dass die Analytical Engine algebraische Muster webt, gerade so wie der Jacquard-Webstuhl Blätter und Blüten. (Menabrea/Lovelace 1843, S. 335.)

> Der Operationsmechanismus […] könnte […] mit anderen Dingen als Zahlen operieren […]. Angenommen etwa die grundlegenden Relationen der Tonhöhen in der Harmonie- und Kompositionslehre könnten […] an die Maschine angepaßt werden, so könnte sie ausgefeilte und allen Regeln der Kunst gehorchende Musikstücke

von beliebiger Komplexität und Länge komponieren. (Menabrea/Lovelace 1843, S. 332.)

Die Ausdehnung auf die Algebra war theoretisch von sehr viel größerer Bedeutung als Lovelaces blumige Rede von »algebraischen Mustern« vermuten lassen mag.

Wenig später legte George Boole (1815–1864) nämlich die erste Formalisierung einer zweiwertigen Aussagenlogik als Algebra – die für die Computertechnik grundlegende boolesche Algebra – vor, mit der er die moderne mathematische Logik begründete (Boole 1847). Durch diese Verknüpfung von Algebra und Logik konnten programmierbare Universalrechner wie die Analytische Maschine nicht mehr nur mit Zahlen, sondern auch mit symbolischen Strukturen, mit satzartigen Verknüpfungen von Aussagen mittels der logischen Operatoren Konjunktion (»und«), Disjunktion (»oder«) und Negation (»nicht«) umgehen. Der Weg für den Übergang von rechnenden Maschinen zu logischen Maschinen, die, wie Lull sich erträumt hatte, die Gültigkeit von Syllogismen (s. Anm. 75,18) überprüfen oder Wahrheitswerttabellen erstellen, war frei.

Die erste tatsächlich gebaute logische Maschine war das 1869 von William Jevons (1835–1882) konstruierte »logische Piano«. Es verdankt seinen Namen seiner klaviaturähnlichen Tastatur, durch die sich Aussagen wie »Alle A sind B« eingeben ließen. Die Maschine eliminierte daraufhin mechanisch alle Begriffskombinationen, die mit der eingegebenen Aussage nicht vereinbar waren. Später wurden logische Maschinen konstruiert, die nicht mechanisch, sondern den Einsichten der Boole'schen Algebra folgend mit binären Relais arbeiteten (s. Kap. 5.3).

Der Übergang von rechnenden zu logischen Maschinen war der entscheidende Schritt. Boole (1847) hatte nicht nur die Algebra auf die Logik reduziert, sondern auch ein Entscheidungsverfahren für die Aussagenlogik entwickelt. Da aus der Entscheidbarkeit der Logik ihre Vollständigkeit und ihre Korrektheit folgt, war damit ein Regelsystem beschrieben, dessen syntaktisch definierten und somit algorithmisch handhabbaren Begriffe der Beweis- und Ableitbarkeit auf dieselben Aussagen wie die semantischen Begriffe der logischen Wahrheit und Folgerung zutreffen. Der Nachweis, dass symbolische Transformationen in einem logischen Kalkül semantische Zusammenhänge zwischen normalsprachlichen Sätzen abbilden können, stellte einen Meilenstein auf dem Weg zu einer formal-strukturellen Erklärung von Denkprozessen dar: Syntaktische Maschinen, die an sich blind für semantische Zusammenhänge sind, können diese mittels rein syntaktischer Prozesse abbilden. Fast anderthalb Jahrhunderte später brachte es John Haugeland (1945–2010) auf den Punkt: »Sorgt man für die richtige Syntax, entsteht die Semantik von ganz allein« (Haugeland 1985, S. 106).

Dennoch verstanden Babbage, Lovelace und alle anderen logische Maschinen nicht als *denkende* Maschinen. Babbage selbst bringt die Analytische Maschine an keiner Stelle seines umfangreichen Werks mit dem menschlichen Denken in Verbindung, und sogar Lovelace, die ihr zutraute, Musikstücke zu komponieren, warnte vor »überspannte[n] Ideen«:

> Die Analytical Engine erhebt nicht den geringsten Anspruch, irgendetwas hervorzubringen. Sie kann tun, was

> immer wir ihr auszuführen zu befehlen wissen. Sie kann der Analysis folgen. Aber sie besitzt nicht das Vermögen, irgendwelche analytischen Relationen oder Wahrheiten zu antizipieren. Ihr Gebiet ist darauf beschränkt, uns bei der Verfügbarmachung dessen zu assistieren, womit wir bereits vertraut sind. (Menabrea/Lovelace 1843, S. 369.)

Die Zeit war für Turings Frage, ob Maschinen denken können, noch immer nicht reif. Die Vorstellung von denkenden Maschinen lag nach wie vor jenseits der Vorstellungskraft selbst der weitsichtigsten Pioniere, die konzeptionell ihrer Zeit weit voraus waren. Zwei Faktoren waren dafür mitverantwortlich.

Zum einen waren viele Ideen, wie etwa die eines zweiwertigen logischen Systems, das sich mittels binärer Relais realisieren und so für eine Mechanisierung der Logik (mit allen Folgen; s. Kap. 5.3) heranziehen lässt, noch viel zu frisch. Selbst für die mächtigsten Geistesgrößen war ihre Tragweite noch kaum fassbar.

Zum anderen erschwerten es Entwicklungen in der Logik und der Psychologie bis in die 1940er Jahre hinein, einen gedanklichen Zusammenhang zwischen logischen Maschinen einerseits und der Psyche des Menschen andererseits herzustellen.

Seitens der *Psychologie* dominierte in dieser Zeit (zumindest im angelsächsischen Sprachraum) der *Behaviorismus.* In ihrem Versuch, den Introspektionismus von Wilhelm Wundt (1832–1920) und die Idee des Unbewussten bei Sigmund Freud (1856–1939) durch Objektivität und Intersubjektivität abzulösen, beschränkten Behavioristen wie Burrhus Frederic Skinner (1904–1990) und John B. Watson

(1878–1958) die Psychologie auf das direkt Beobachtbare. Direkt beobachtbar sind allerdings nur Abfolgen aus Reiz (Input) und Reaktion (Output), nicht jedoch das, was dazwischen im Bewusstsein geschieht (s. Anm. 53,4–10). Eine Psychologie, in der ein Blick in die Black Box des Geistes verpönt war, war jedoch denkbar ungeeignet dafür, das Augenmerk auf die Frage zu richten, ob das, was zwischen Reiz und Reaktion vor sich geht, dem ähnelt, was in digitalen Universalrechnern vor sich geht. Erst mit der Ablösung des Behaviorismus durch die kognitive Psychologie und das Aufkommen des Computermodells des Geistes (s. Kap. 7.2) gegen Mitte des 20. Jahrhunderts sollte sich die Psychologie erneut dem menschlichen Geist und damit der Frage nach der Natur von Denkprozessen zuwenden (s. Kap. 5.3).

Seitens der *Logik* wiederum forderten psychologistische Logikkonzeptionen bis in die zweite Hälfte des 19. Jahrhunderts hinein zwar eine Rückführung der Logik auf Bewusstseinstatsachen und damit auf die Denkprozesse des Menschen. Das so geschaffene Band zwischen Logik und menschlicher Psyche war jedoch nicht von Dauer. Frege warf dem von ihm verschmähten »Psychologismus« in seinen *Grundlagen der Arithmetik* (1884) vor, »das Gedachtwerden eines Satzes […] mit seiner Wahrheit« (1884, S. 20), also das subjektive *Für-Wahr-Halten* mit dem objektiven *Wahr-Sein*, zu verwechseln. Er setzte dem Psychologismus seinen Logizismus entgegen, der Anspruch auf eine von der Psychologie unabhängige Logik erhob, die als Grundlage für eine Rückführung der Mathematik auf die Logik dienen sollte (s. Kap. 2). Die Logik hatte demnach gerade *nicht* einzufangen, wie Menschen tatsächlich denken, sondern normative Regeln aufzustellen, an denen sich das Denken zu

orientieren hat. Zwar schuf Frege damit die Grundlage für die moderne Informatik (s. Kap. 5.3), doch auch gleichzeitig ein intellektuelles Klima, in dem Logiker die Psychologie scheuten wie der Teufel das Weihwasser. Dies ergab wiederum ein denkbar ungünstiges Umfeld, um die Arbeitsweise logischer Maschinen gedanklich mit der Psychologie menschlichen Denkens in Zusammenhang zu bringen.

5. Von digitalen Universalrechnern zu denkenden Maschinen

In den 1940er Jahren hatte sich die Logik ansatzweise von ihrer Psychologiephobie erholt und der Stern des Behaviorismus hatte seinen Zenit überschritten. Man erkannte die Unzulänglichkeit behavioristischer Reiz-Reaktions-Erklärungen und die Notwendigkeit, sich stattdessen mit jenen (kognitiven) Prozessen auseinanderzusetzen, die die Reize in Reaktionen überführen (z. B. Tolman 1948). In der Folge wurde es endlich möglich, eine Brücke zwischen Logik und Psychologie zu schlagen. Als dann noch weitere Entwicklungen in der Computertechnik hinzukamen, konnte Turing den letzten Schritt machen und seine »häretische Theorie intelligenter Maschinen« (so der Titel von Turing 1951b) formulieren. Allerdings war er weder Ingenieur noch Psychologe, sondern Mathematiker. Ihn interessierte die *Theorie hinter Maschinen*, nicht ihr Bau. Daher konnte er den entscheidenden, wenn auch nicht letzten, Schritt schon zuvor machen.

Als sich Newman 1935 die Frage stellte, ob sich durch Anwendung eines *mechanischen Prozesses* für jede mathe-

matische Aussage entscheiden lässt, ob sie beweisbar ist (s. Kap. 2), nahm Turing ihn auf seine ureigene mathematische Weise beim Wort. Für Turing bedeutete »mechanisch« nicht: »Lässt sich das Problem mit einem Apparat lösen?«, sondern: »Lässt sich das Problem mit einer exakt definierten, eindeutigen Regeln folgenden Methode in endlicher Zeit lösen?«. Es ging ihm nicht darum, den fraglichen Prozess irgendwie mechanisch zu implementieren, sondern darum, ganz abstrakt anzugeben, um welche *Art von Prozess* es sich dabei handeln muss. Also machte er sich daran zu definieren, wann es zur Lösung eines Problems einen mechanischen Algorithmus gibt.

5.1 *Turingmaschinen und Turingberechenbarkeit*

Die längste Zeit über hatte die Mathematik mit einem rein intuitiven Begriff der Berechenbarkeit operiert, wonach berechenbar das ist, was ein Mensch berechnen kann, unabhängig davon, wie er es tut. Erst in den 1930er Jahren versuchte man, diesen Begriff präziser zu fassen. Vor Turing wurden zwei Vorschläge formuliert. Beide waren jedoch sehr mathematisch und wenig anschaulich. Gödel (1934) formulierte die Idee, dass eine Funktion genau dann berechenbar ist, wenn sie mit einer *allgemein-rekursiven Funktion* berechnet werden kann. Church (1936) zeigte, dass Gödels Berechenbarkeitsbegriff deckungsgleich mit seinem eigenen ist, wonach eine Funktion genau dann berechenbar ist, wenn sie in seinem zusammen mit Stephen Cole Kleene (1909–1994) entwickelten λ-Kalkül formuliert werden kann (der die Grundlage moderner funktionsorientierter Programmiersprachen wie z. B. Lisp oder Haskell

bildet). Intuitiv berechenbar, so die sogenannte Church-These, sind daher genau die rekursiv oder λ-berechenbaren Funktionen. Doch ließ sich der Begriff der Berechenbarkeit nicht eleganter charakterisieren – zwar exakt, aber ohne derlei formales Brimborium? Unabhängig von Gödel und Church hatte Turing die entscheidende Idee.

Turing (1936/1937) definierte eine Maschine (genauer: eine Klasse von Maschinen), die seit Churchs (1937) Besprechung von Turings bahnbrechender Arbeit als Turingmaschine bezeichnet wird. Es handelt sich dabei nicht um einen Apparat, sondern um die mathematische Charakterisierung eines mechanischen (im Sinne eines algorithmischen) Prozesses, der jede berechenbare Funktion berechnen kann. Eine Funktion, so Turings Vorschlag, der seinen Rivalen zwar nicht der Sache nach, aber aufgrund seiner Einfachheit überlegen war, ist genau dann berechenbar, wenn sie turingberechenbar ist, d. h., wenn es eine Turingmaschine gibt, die sie berechnen kann.

Turings Ansatz war so einfach wie genial. Intuitiv berechenbar ist das, was Menschen berechnen können: Was also machen Menschen, wenn sie eine endliche Berechnung durchführen (»computer« im damaligen Sprachgebrauch; s. Anm. 19,5)? Sie schreiben etwas auf einen Zettel, schauen, was sie zuvor geschrieben haben und korrigieren es oder schreiben an anderer Stelle etwas hin. Was wäre, wenn man sie durch eine Maschine ersetzte?

Der Zettel könnte durch einen (potenziell unendlich langen) Papierstreifen ersetzt werden. Dieses »Band« enthält »Zellen«, und in jeder davon steht zu jedem Zeitpunkt genau ein Zeichen eines endlichen Alphabets. Mittels eines Lese-/Schreibkopfes kann die Maschine

- das Zeichen in einer Zelle *lesen,*
- ein Zeichen des Alphabets in eine Zelle *schreiben*, und
- das Band unter dem Lese-/Schreibkopf eine Zelle nach links oder rechts bewegen.

Wie bei menschlichen Berechnern hängt das, was die Maschine tut, von ihrem aktuellen Zustand und dem Inhalt der gerade betrachteten Zelle ab. Ihre Optionen lassen sich mit einem *Programm* beschreiben, das aus Funktionen besteht, die einem Zustand der Maschine sowohl einen Folgezustand als auch eine Operation zuordnen. Gibt es nur endlich viele Zustände und ein endliches Alphabet, lässt sich ein solches Programm in Form einer endlichen Tabelle niederschreiben. Eine solche Maschinentafel gibt abhängig vom aktuellen Zustand und vom Input an, ob ein Zeichen in die aktuelle Zelle geschrieben oder ob die Maschine angehalten werden soll (h), ob der Lese-/Schreibkopf (falls nicht angehalten wird) nach links (l) oder nach rechts (r) bewegt werden soll und in welchen Zustand die Maschine anschließend überzugehen hat. Die folgende Maschinentafel etwa beschreibt eine (Turing-)Maschine, die zwei Zahlen – hier: drei und vier – addiert, indem sie ein Band der Form

111+1111# …

in eines der Form

1111111## …

überführt:

	aktueller Zustand	
	z_1	z_2
Input		
1	1, r, z_1	#, h
+	1, r, z_1	
#	#, l, z_2	

Die Anweisung »1, r, z_1« in der ersten Zeile der ersten Spalte z. B. entspricht der Anweisung: »Wenn du in Zustand z_1 bist und die aktuelle Zelle eine 1 enthält, schreibe (wieder) eine 1 in diese Zelle, gehe dann eine Zelle nach rechts und bleibe in Zustand z_1.« Wenn sich die Maschine im Ausgangszustand z_1 auf der ersten Zelle des ursprünglichen Bandes befindet und dieser Maschinentafel folgt, bewegt sie sich von der ersten Zelle aus nach rechts, überschreibt dabei das + mit einer 1 und die letzte 1 mit einem # und hält dann mit der Lösung an.

Eine Turingmaschine folgt stumpf – mechanisch – ihrer Maschinentafel. Manchmal kommt der Prozess zu einem Ende, wie eben – er terminiert. Manchmal terminiert er aber auch nicht. Eine andere Turingmaschine z. B. könnte wie folgt definiert sein:

	aktueller Zustand		
	z_1	z_2	z_3
Input			
#	#, r, z_1	#, h	#, r, z_3
1	#, r, z_2	1, r, z_3	#, r, z_3

Beginnt diese Maschine z. B. im Ausgangszustand z_1 auf der ersten Zeile des Bandes

1 # # # # # # # # …,

bei dem nach der 1 unendlich viele # folgen, ersetzt sie die 1 durch ein #, geht in Zustand z_2 über, geht nach rechts und hält beim ersten # an – der Prozess terminiert. Beginnt sie im Ausgangszustand z_1 jedoch auf der ersten Zeile des Bandes

1 1 # # # # # # # …,

ersetzt sie die 1 durch ein #, geht in Zustand z_2 über, geht nach rechts, lässt dort die 1 stehen, geht in Zustand z_3 über, geht wieder nach rechts und bewegt sich von da an unendlich oft eine Zelle nach rechts – der Prozess terminiert *nicht*.

Eine mathematische Funktion ist genau dann berechenbar, so Turings (1936/1937) heute allgemein akzeptierte Definition, wenn es eine Turingmaschine gibt, die sie berechnet, d. h., die in endlicher Zeit mit der korrekten Lösung anhält. Er zeigte, dass diese Definition dieselben Funktionen einfängt wie Churchs Definition. Statt von der »Church-These« wird daher oft auch von der »Church-Turing-These« gesprochen: Intuitiv berechenbar sind demnach genau die Funktionen, die turingberechenbar, rekursiv oder λ-berechenbar sind.

Doch was hat das mit der Ausgangsfrage zu tun, ob Maschinen denken können? Die Church-Turing-These ist in diesem Zusammenhang tatsächlich von einiger Bedeutung. Turing (1936/1937) führte nämlich zudem das Konzept einer universellen Turingmaschine ein. Dieses fußt

auf der Idee, dass eine Turingmaschine eine andere simulieren kann, indem man sie mit deren Programm füttert, auf ihrem Band also deren Maschinentafel notiert. Dieser Gedanke ist zum einen technisch von gewaltiger Bedeutung: Indem man Turingmaschinen als Programme versteht, eröffnet sich die Möglichkeit, mit einer universellen Turingmaschine alle Turingmaschinen zu emulieren, indem man ihr diese als Programm zur Verfügung stellt. Wie die Analytische Maschine (s. Kap. 4) zeigt daher auch Turings Konzept einer universellen Turingmaschine, dass man nicht für jede Aufgabe eine spezielle Maschine konstruieren muss, wenn man stattdessen eine einzige Maschine mit verschiedenen Programmen ausstattet, die die entsprechende Funktion übernehmen.

Zum anderen führt die Vorstellung einer universellen Turingmaschine zusammen mit der Church-Turing-These zu der Auffassung, dass eine einzige Maschine *alles* berechnen kann, was Menschen berechnen können. Sie kann daher all jene geistigen Leistungen bewerkstelligen, die darauf beruhen, dass wir einem Algorithmus folgen.

Aus dieser computationalen Äquivalenz lassen sich zwei grundverschiedene Schlüsse ziehen. Im Anschluss an Gödel hat z. B. insbesondere Roger Penrose (*1931) dafür argumentiert, dass Menschen prinzipiell alle mathematischen Wahrheiten erfassen können. Wenn eine universelle Turingmaschine also dasselbe berechnen kann, was Menschen intuitiv berechnen können, sie mit ihren Algorithmen aber nicht alle mathematischen Wahrheiten erfassen kann (s. Kap. 5.2), dann können unsere geistigen Fähigkeiten nicht algorithmisierbar sein (z. B. Penrose 1989). Turing zog dagegen exakt den gegenteiligen Schluss: Da eine uni-

verselle Turingmaschine alles berechnen kann, was Menschen intuitiv berechnen können, muss es wahre mathematische Aussagen geben, die wir nicht beweisen können, denn selbst die mächtigste Turingmaschine kann nicht *alles* berechnen!

5.2 *Turingmaschinen und das Entscheidungsproblem*

Turings Definition der Berechenbarkeit erlaubte es ihm, das *Entscheidungsproblem* (s. Kap. 2) umzuformulieren. Hilbert hatte wissen wollen, ob sich mit einem Algorithmus für jede mathematische Aussage in endlich vielen Schritten entscheiden lässt, ob sie aus den Axiomen ableitbar ist. Statt nach einem Algorithmus fragte Turing nach einer Turingmaschine: Wenn es für ein Problem einen Algorithmus gibt, dann ist es berechenbar, und damit gibt es eine Turingmaschine, die es berechnet. Statt nach mathematischen Aussagen fragte er ebenfalls nach Turingmaschinen: Wenn sich die Mathematik auf die Umformung abstrakter Symbole reduziert (s. Kap. 2), dann ist es egal, *welche* Symbole das sind. Man kann eine mathematische Funktion also ebenso gut als *Zahl* repräsentieren, und diese lässt sich von einer Turingmaschine berechnen. Turing (1936/1937) sprach deshalb nicht von berechenbaren Funktionen, sondern von berechenbaren Zahlen (engl.: *computable numbers*). Hilberts Frage,

> Gibt es einen Algorithmus, mit dem sich für jede mathematische Aussage in endlich vielen Schritten entscheiden lässt, ob sie aus den Axiomen ableitbar ist?

ließ sich daher als »Halteproblem« (ein Ausdruck, der auf Davis [1958] zurückgeht) einer Turingmaschine formulieren:

> Gibt es eine Turingmaschine, die für jede Turingmaschine und beliebigen Input entscheiden kann, ob die Maschine in endlicher Zeit anhalten wird?

Für eine gegebene Turingmaschine und ein gegebenes Band lässt sich unter Umständen recht schnell und einfach entscheiden, ob sie anhalten wird (s. Kap. 5.1). Doch kann eine einzige Turingmaschine dies *für alle möglichen Turingmaschinen* leisten? Wenn ja, dann hatte Hilbert Recht und die Mathematik ist entscheidbar. Mithilfe eines Beweises, der auf einer Abwandlung von Georg Cantors (1845–1918) berühmter Diagonalenmethode beruht (und dessen Details an dieser Stelle zu weit führen würden; s. Copeland 2004a; Petzold 2008, insb. S. 259–280), konnte Turing allerdings zeigen, dass sich das Halteproblem algorithmisch *nicht* lösen lässt. Keine Turingmaschine kann für alle Turingmaschinen entscheiden, ob sie in endlicher Zeit anhalten. Selbst wenn eine Turingmaschine *alle* berechenbaren Zahlen (also: mathematischen Funktionen) berechnen kann, gibt es immer »eine Reihe von Dingen [...], die eine solche Maschine nicht tun kann« (S. 47 [444]): Es gibt eine unberechenbare Zahl, also eine Turingmaschine, für die sie im Vorhinein nicht entscheiden kann, ob diese anhalten wird; es bleibt ihr nur, deren Programm einmal durchlaufen zu lassen und zu sehen, ob es terminiert.

Turing war von der computationalen Äquivalenz einer universellen Turingmaschine und dem Menschen über-

zeugt. Er war, wie gesehen, sogar bereit einzugestehen, dass es daher mathematische Wahrheiten geben muss, die wir nicht beweisen können (s. Kap. 5.1). Dennoch findet sich in Turing (1936/1937) kein Hinweis darauf, dass er einer universellen Turingmaschine deshalb ein Denkvermögen attestiert hätte. Zwar berief er sich ausdrücklich auf einen Vergleich mit menschlichen Berechnern. Insbesondere angesichts seiner sehr freimütigen Bekenntnisse zu intelligenten Maschinen (Turing 1948), die sich nur knapp zehn Jahre später zuhauf finden (z. B. Turing 1951a, 1951b; Turing [u. a.] 1952), spricht jedoch wenig dafür, dass er schon 1936 der Auffassung war, eine solche Maschine könne in dem Sinne denken, dass sie über das Versmaß eines Shakespeare-Sonetts und Analogien zwischen einem Wintertag und Mister Pickwick fachsimpeln kann (S. 55 [446]). Er war noch nicht so weit. Noch fehlten zwei Bruchstücke.

5.3 *Das Gehirn als Turingmaschine?*

In einer Hinsicht hatte sich Anfang der 1940er Jahre seit der Analytischen Maschine nichts geändert – programmierbare digitale Universalrechner waren nur theoretische Konstrukte. Ihr tatsächlicher Bau profitierte unter anderem von Claude Shannons (1916–2001) Informationstheorie, wonach sich der Informationsgehalt an der Anzahl der Ja-/Nein-Fragen bemisst, die maximal beantwortet werden müssen, um eine Nachricht zu erhalten (Shannon 1948). Eine Ja-/Nein-Frage entspricht einem *Bit* (engl.: *binary unit*). Die Nachricht »Die Münze zeigt Kopf« z. B. enthält *ein Bit* an Information, denn wenn wir wissen wollen, ob sie wahr ist, genügt die Beantwortung einer einzigen Ja-/

Nein-Frage. Ihr Informationsgehalt hängt aber nicht von diesem speziellen semantischen Gehalt ab: Alle Aussagen, deren Wahrheit sich mit maximal einer Ja-/Nein-Frage feststellen lässt, haben denselben Informationsgehalt. Die Aussage »Paris liegt an der Donau oder Sokrates ist Grieche« hat einen Informationsgehalt von *zwei Bit*: Wenn wir erst fragen, ob Paris an der Donau liegt, lautet die Antwort »Nein«. Wir müssen dann zusätzlich noch fragen, ob Sokrates Grieche ist. Wiederum ist der semantische Gehalt irrelevant: Alle Aussagen, deren Wahrheit sich mit maximal zwei Ja-/Nein-Fragen feststellen lässt, haben denselben Informationsgehalt.

Auch das *Medium* des Informationsträgers spielt keine Rolle. Eine brennende Lampe oder eine Leitung, an der Spannung anliegt, enthalten z. B. ebenso ein Bit an Information wie die Aussage »Die Münze zeigt Kopf«, und Kombinationen aus zwei Lampen, Leitungen usw. enthalten ebenso zwei Bit an Information wie eine entsprechende Nachricht. Und so weiter.

Information in diesem Sinne ist daher durch binäre elektro(mecha)nische Relais zu implementieren. Diese können so rein mechanisch (jetzt als konkrete Apparatur, nicht als Algorithmus; s. Kap. 5.1) logische Operationen ausführen, die semantische Zusammenhänge repräsentieren (s. Kap. 4). Eine Leitung z. B., die genau dann Strom führt, wenn mindestens eine von zwei anderen Leitungen Strom führt, entspricht einem »oder«; eine Leitung, die genau dann Strom führt, wenn zwei andere Leitungen beide Strom führen, entspricht einem »und« usw. Damit war die von Lull und Leibniz antizipierte Automatisierung von Schlussfolgerungsprozessen Realität geworden.

Der erste funktionstüchtige programmierbare digitale Universalrechner der Welt wurde 1941 fertiggestellt, nämlich die von Konrad Zuse (1910–1995) konstruierte Z3, die dieser selbst als »Babbage-Maschine« bezeichnete (Zuse 1970, S. 44). Die Z3 arbeitete mit logischen Schaltungen der oben beschriebenen Art. Die Arbeit eines unbekannten Tüftlers im elterlichen Wohnzimmer in Berlin hätte sich wohl auch ohne die Ächtung Nazideutschlands in Cambridge oder Princeton kaum Gehör verschafft. So aber wurde die Z3 1944 bei einem Bombenangriff zerstört und Zuse erfuhr erst nach dem Krieg internationale Anerkennung, als das Zentrum der Entwicklung moderner Rechner längst in den USA und insbesondere in Großbritannien lag.

Dort wurde mit dem *Manchester Mark I*, auch *Manchester Automatic Digital Machine* (MADM) genannt, 1948 der (abgesehen von der Z3) – erste funktionstüchtige digitale Universalrechner in Betrieb genommen, drei Jahre vor der endgültigen Fertigstellung des *Electronic Discrete Variable Automatic Computer* (EDVAC) in den USA, der seine Berühmtheit primär der Tatsache verdankt, dass John von Neumann (1903–1957) im Zuge seiner Konstruktion die im Wesentlichen heute noch gültige Rechnerarchitektur beschrieb (von Neumann 1945). Turing schrieb zwar einen Zufallsgenerator sowie weitere Programme für die MADM, an ihrer Konstruktion war er jedoch nicht beteiligt (s. Kap. 1).

Turing wäre jedoch nicht Turing gewesen, wäre er nicht zuvor schon selbst aktiv geworden. Von 1945 bis 1948 projektierte er am National Physical Laboratory (NPL) quasi im Alleingang eine Maschine, die anders als die zu der Zeit gebräuchlichen Maschinen, die auf bestimmte Rechenopera-

tionen spezialisiert waren, von vornherein als Universalrechner konzipiert war. Turing sah in seiner *Automatic Computing Engine* (ACE) (der Name war eine Hommage an Babbages Analytische Maschine) eine »praktische Umsetzung« (Turing 1947, S. 107) der zehn Jahre zuvor definierten universellen Turingmaschine. In einem Bericht für das NPL, der »die vielleicht erste schriftliche Diskussion der Vorstellung einer Software seit A. A. Lovelace« enthält (Carpenter/Doran 1986, S. 13), zeigte er sich optimistisch, dass die ACE unter anderem auch in der Lage sein würde, Schach zu spielen (Turing 1946, S. 41). Soweit kam es allerdings nicht: 1948 ging Turing entnervt nach Manchester, weil es bei der Umsetzung seiner Konstruktion nicht voranging (s. Kap. 1). Ein Prototyp mit eingeschränkter Funktion, die Pilot ACE war zwar 1950 einsatzbereit, doch da hatte sich Turing schon wieder neuen Fragen zugewendet und war dabei seiner Zeit erneut Jahrzehnte voraus. Schachspielende Maschinen waren für ihn schon nicht mehr viel mehr als eine Frage lästigen Programmierens. 1950 trieb ihn eine sehr viel allgemeinere Frage um: »Können Maschinen denken?«

Endlich hatte Turing gedanklich den letzten Schritt vollzogen. Mit dem Niedergang des Behaviorismus hatte man sich von der Vorstellung des menschlichen Geistes als einer Black Box, über deren Inhalt sich nichts Gehaltvolles sagen ließ, verabschiedet. Wenn aber zwischen Reiz und Reaktion etwas vor sich geht, das für die geistigen Leistungen des Menschen wesentlich ist, dann musste die Psychologie etwas zu genau jener Frage sagen, die sich für Behavioristen nicht gestellt hatte: Um was für eine Art von Prozess handelt es sich bei den (kognitiven) Prozessen, die

zwischen Input und Output vermitteln? Wer nicht nur mit den Entwicklungen auf den Gebieten der Logik und Berechnungstheorie sowie mit den Details der Entwicklung binärer Relais und der daraus gebauten Maschinen vertraut war, sondern auch über eine gewisse intellektuelle Brillanz verfügte und die Chuzpe besaß, eine »große Häresie« (McCulloch 1948, S. 144) zu begehen, konnte durchaus auf den Gedanken verfallen, dass die Prozesse, über die die Psychologie plötzlich Auskunft zu geben hatte, ihrer Natur nach dem gleichkommen, was in digitalen Universalrechnern (und anderen lernenden Maschinen; s. Kap. 6.3) abläuft. Der Neurophysiologe und Psychologe Warren McCulloch (1898–1969) und sein junger Kollege, der Logiker und Mathematiker Walter Pitts (1923–1969), zwei Gründerväter der Neuroinformatik, brachten alle diese Voraussetzungen mit und formulierten schon früh den Gedanken, dass geistbegabte Wesen »Rechenmaschinen« (engl.: *computing machines*) sind (McCulloch 1948, S. 144) – die große Häresie, von der McCulloch gesprochen hatte.

Als Neurophysiologe interessierte sich McCulloch für die Arbeitsweise von Neuronen – allerdings, ähnlich wie Turing (s. Kap. 5.1), nicht für die physiologischen Details, sondern für die dahinterstehende Theorie. In einer der wichtigsten und zugleich kryptischsten Arbeiten der Kognitionswissenschaft, die den Grundstein legte sowohl für das spätere Computermodell des Geistes als auch für den Konnektionismus (s. Kap. 6.3), beschrieben McCulloch und Pitts (1943) einfache binäre Neuronenmodelle, sogenannte McCulloch-Pitts-Zellen. Diese bleiben inaktiv, solange sie ausdrücklich gehemmt werden oder die Summe ihrer Eingangswerte (je 0 oder 1) unter einem bestimmten Schwel-

lenwert bleibt. Erst wenn dieser überschritten wird, erzeugen sie als Ausgabe eine 0 oder 1 und hemmen oder aktivieren dadurch andere Neurone, mit denen sie verbunden sind.

McCulloch-Pitts-Zellen sind also gewissermaßen neuronal realisierte binäre Relais und können daher ebenfalls logische Operationen ausführen. Eine Zelle mit Schwellenwert zwei und zwei Eingängen z. B. implementiert ein »und«, eine Zelle mit Schwellenwert eins und zwei Eingängen implementiert ein »oder« usw. Koppelt man solche Zellen miteinander, erhält man leistungsstarke Netze, die nicht nur die komplette Aussagenlogik beherrschen, sondern auch, so der Anspruch von McCulloch und Pitts (1943), jede turingberechenbare Funktion berechnen können.

Auch wenn Letzteres nicht ganz stimmt (s. Boden 2006, S. 191), stellte diese »große Häresie« erstmals einen direkten Zusammenhang her zwischen dem, was im Gehirn des Menschen, und dem, was in digitalen Universalrechnern vor sich geht. Damit lieferte sie den letzten Puzzlestein für die andere große Häresie, nämlich für Turings Frage, ob Maschinen denken können. Turing dürfte einer der wenigen gewesen sein, der mit Ideen wie denen von McCulloch und Pitts vertraut war und sie verstehen und ihre Tragweite erfassen konnte: Wenn Mensch und Turingmaschine computational gleich mächtig sind, wie Turing gezeigt hatte, und wenn das Denken des Menschen ein rein computationaler Prozess ist, wie McCulloch und Pitts glaubten, dann führt an der Frage, ob Maschinen denken können, kein Weg mehr vorbei. Turing scheint diese Frage irgendwann um 1946 bei der Arbeit an der ACE gekommen zu sein:

> [Bei der Programmierung] sollte man die Maschine [die ACE] so behandeln, als verfüge sie nicht über einen Funken an Intelligenz. Es gibt jedoch Hinweise darauf, dass es möglich ist, die Maschine dazu zu bringen, intelligentes Verhalten an den Tag zu legen [...]. (Turing 1946, S. 41.)

Zu einer Zeit, als die Universalität digitaler Rechner auch für viele Experten noch gar nicht wirklich greifbar war, war Turing sich ihr und der sich daraus ergebenden Konsequenzen voll und ganz bewusst geworden. Und es lag in seinem Wesen, die Welt schonungslos damit zu konfrontieren.

6. Turings Frage: Können Maschinen denken?

Bereits mit der Formulierung der Frage, ob Maschinen denken können, hatte Turing wie ausgeführt Enormes geleistet. Imponierend ist aber auch seine Antwort – ein überzeugtes »Ja!«, das für seine Zeitgenossen mehr als nur einen Hauch des Häretischen haben musste (und noch heutzutage für so manche hat). In der vorliegenden Arbeit entwickelt er eine bereits zwei Jahre zuvor formulierte Idee weiter (Turing 1948, insb. S. 431; s. Kap. 6.3). Statt uns in bloßen Mutmaßungen zu ergehen, sollten wir die Frage, ob Maschinen denken können, operationalisiert angehen. Wie schon beim Begriff der Berechenbarkeit (s. Kap. 5.1) sollte ein standardisiertes Verfahren an die Stelle von Intuitionen treten – und nichts, so Turing, spricht dagegen, dass Maschinen bei diesem Turingtest gut abschneiden.

6.1 *Der Turingtest*

Turing beschreibt in Abschnitt 1 zunächst ein Imitationsspiel, an dem drei Spieler teilnehmen, nämlich ein Mann (A), eine Frau (B) und ein Fragesteller (C). Die Spieler können sich weder sehen noch hören und kommunizieren anonym, z. B. mittels Fernschreiber (s. Anm. 9,15) oder Tastatur und Bildschirm. Ihre Aufgaben sind wie folgt verteilt:

> Spieler C (Fragesteller): C muss versuchen, mithilfe von Fragen an A und B herauszufinden, wer von beiden die Frau und wer der Mann ist.
> Spieler A (Mann): A muss versuchen, den Fragesteller dazu zu bringen, ihn (A) fälschlich als Frau zu identifizieren.
> Spieler B (Frau): B muss versuchen, den Fragesteller dazu zu bringen, sie (B) korrekt als Frau zu identifizieren.

In dem standardisierten Testverfahren, das Auskunft darüber geben soll, ob Maschinen denken können, übernimmt eine Maschine die Rolle des Manns und ein männlicher Spieler die Rolle der Frau (s. Anm. 39,7, s. Abb. 2).

Wir sollten einer Maschine Intelligenz attestieren, so Turing, wenn sie bei diesem (unorthodoxen; s. Kap. 7.1) Turingtest nicht schlechter darin ist, sich als Frau auszugeben als der Mann. Er prognostizierte, dass ein Fragesteller im Jahr 2000 in einem fünfminütigen Gespräch die Maschine in drei von zehn Fällen für den Menschen halten würde, so dass man »am Ende des Jahrhunderts [...] von denkenden Maschinen reden« könne, »ohne dass Widerspruch zu erwarten wäre« (S. 41 [442]; s. Kap. 7.1).

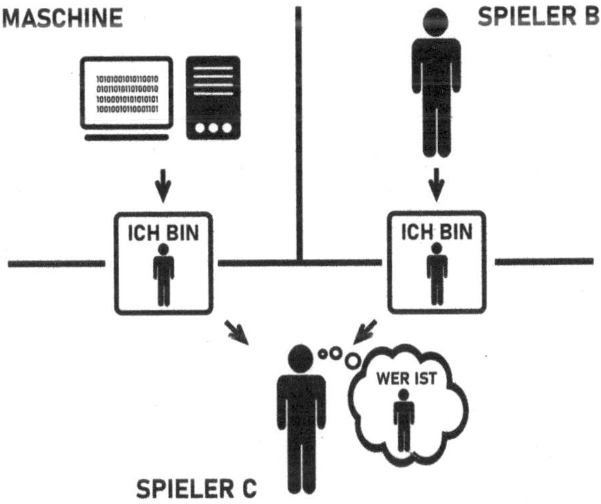

Abb. 2: Der Turingtest

Turing verteidigt seinen Optimismus in zwei Schritten. Zunächst räumt er mögliche Einwände aus (s. Kap. 6.2). Anschließend spekuliert er in einem Abschnitt, der eine Art erstes Manifest einer Künstliche-Intelligenz-Forschung (KI) darstellt und viele dort heute fest etablierte Konzepte und Techniken antizipiert (s. Kap. 7.3), über die Möglichkeit einer sogenannten Kind-Maschine, die intelligente Leistungen erbringt, indem sie mit der geistigen Ausstattung eines Kindes beginnt und dann wie dieses schrittweise bzw. sukzessive hinzulernt (s. Kap. 6.3).

6.2 *Denkende Maschinen: neun Einwände*

Abschnitt 6 enthält Turings Erwiderung auf eine Reihe von Einwänden gegen die Möglichkeit denkender Maschinen. Manche von diesen wirken allerdings eher wie ein Ausdruck kruder zeitgenössischer Vorurteile als wie stringent formulierte Argumente.

Der theologische Einwand (S. 41 f. [443]): Bereits der erste Einwand, der Denken an eine unsterbliche Seele knüpft, über die Maschinen ebenso wie (nicht-menschliche) Tiere angeblich nicht verfügen, reduziert sich letztlich darauf, Turings eigentliche Fragestellung ganz einfach kategorisch zurückzuweisen. Kritiker, die diesem Einwand etwas abgewinnen können, so allerdings dessen Versuch einer ebenbürtigen Erwiderung, werden wohl kaum willens sein, die Vorstellung eines allmächtigen Gottes aufzugeben. Genau das müssten sie jedoch tun, denn die Tatsache, dass es keine denkenden Maschinen geben kann, würde ja bedeuten, dass Gott diesen keine unsterbliche Seele hätte verleihen können.

Der Vogel-Strauß-Einwand (S. 45 [444]): Der zweite Einwand spielt auf den urbanen Mythos an, der Strauß stecke bei Gefahr lieber den Kopf in den Sand, als sich der unangenehmen oder gefährlichen Realität zu stellen. Am Privileg des Menschen als Krone der Schöpfung darf, so dieser Einwand, nicht gerüttelt werden. Wie Turing anmerkt, bedarf ein solch schwaches Argument eigentlich keiner Widerlegung. Vielleicht hätte er jedoch darauf hinweisen sollen, dass es nicht die erste und sicherlich auch nicht letzte narzisstische Kränkung der Menschheit wäre. Wie Freud schon 1917 feststellte, war das menschliche Selbstverständ-

nis nach der kosmologischen (die Erde ist nicht der Mittelpunkt des Universums), der biologischen (der Mensch ist aus der Tierreihe hervorgegangen) und der psychologischen Kränkung (ein beträchtlicher Teil des Seelenlebens entzieht sich dem bewussten Willen) sowieso schon längst nicht mehr das, was es angeblich einmal gewesen war.

Der mathematische Einwand (S. 47 f. [444 f.]): Der dritte Einwand beruft sich auf Gödels Erkenntnisse zur Unvollständigkeit der Mathematik (s. Kap. 2) sowie auf Turings Überlegungen zum Halteproblem (s. Kap. 5.2), die beide die Grenzen des mechanisch zu Bewerkstelligenden aufzeigen (s. Kap. 5.1). Das Halteproblem zeigt insbesondere, dass auch die mächtigste Maschine nicht alles kann: Keine Maschine kann für jede andere entscheiden, ob sie ein gegebenes Problem lösen können wird (s. Kap. 5.2). Also, so der Einwand, unterliegen Maschinen prinzipiellen Beschränkungen. Da eine universelle Turingmaschine jedoch alles berechnen kann, was Menschen intuitiv berechnen können, muss es Turing zufolge wahre mathematische Aussagen geben, die auch wir nicht beweisen können (s. Kap. 5.1). Wir unterliegen also denselben prinzipiellen Beschränkungen wie Maschinen. Mit anderen Worten: Wir können selbst so oft eine Frage nicht oder nur falsch beantworten, dass für eine Überheblichkeit Maschinen gegenüber kein Anlass besteht.

Das Bewusstseinsargument (S. 51 f. [445–447]): Der vierte Einwand nimmt seinen Ausgang in der Überlegung, dass Denken von »Gedanken und gefühlten Emotionen« (S. 51 [445]) begleitet sein muss. Da uns das, was im Bewusstsein anderer (möglicherweise) vor sich geht, jedoch nicht zugänglich ist, würden äußerlich beobachtbare Wortfolgen in diesem Fall nicht ausreichen, ihnen ein Denkvermögen zu-

zuschreiben: Wir könnten ja nicht wissen, ob sie nicht nur Symbole aneinanderreihen, mit denen sie nicht wirklich etwas verbinden (s. Kap. 7.2). Sollten wir diesen Einwand wirklich ernst nehmen, könnten wir jedoch noch nicht einmal sicher sein, dass unsere menschlichen Gesprächspartner denken, da uns deren Bewusstsein ja ebenso unzugänglich ist (s. Anm. 53,4–10). Streng genommen könnten wir nur von uns selbst wissen, dass wir denken. Das ist jedoch, so Turing, so absurd, dass man ein Denkvermögen nicht daran knüpfen sollte, dass geäußerte Wortfolgen ganz gewiss mit einem bewussten Innenleben einhergehen.

Argumente bezüglich verschiedener Unfähigkeiten (S. 57 f. [447–450]): Der fünfte Einwand besagt, dass sich Maschinen im Turingtest verraten, weil sie über andere Fähigkeiten verfügen als ihre menschlichen Konkurrenten. Als Erwiderung weist Turing darauf hin, dass unsere Einschätzung der Fähigkeiten von Maschinen hauptsächlich der Beobachtung jener Maschinen entspringt, mit denen wir vertraut sind. Die *faktischen* Beschränkungen solcher Maschinen geben uns jedoch keine Auskunft darüber, wozu Maschinen *grundsätzlich* fähig oder nicht fähig sind. Wir sollten die Beschränktheit unserer Vorstellungskraft nicht zum Maßstab dessen machen, was möglich oder unmöglich ist (Dennett 1991, S. 48). Ähnlich, wie Kinder auch dann Französisch lernen können, wenn alle Kinder um uns herum nur Deutsch oder Englisch sprechen, dürfen wir aus der Tatsache, dass gängige Maschinen andere Fähigkeiten haben als wir, nicht schließen, dass dies grundsätzlich so sein muss.

Wenn Turing in diesem Zusammenhang darüber spekuliert, dass Maschinen fähig sein können, »auf der Basis wis-

senschaftlicher Induktion Schlüsse zu ziehen« (S. 63 [449]), so antizipiert er damit seine Überlegungen zu lernenden Maschinen (s. Kap. 6.3), die induktiv Kategorien erlernen können. Man kann einem künstlichen neuronalen Netz (s. Kap. 7.3) z. B. eine große Zahl von Fotos zur Verfügung stellen, auf denen entweder eine Ampel (oder ein Tier oder ein Stuhl) zu sehen ist oder nicht. Das Netz rät zunächst, ob auf einem Foto eine Ampel (oder ein Tier oder ein Stuhl) abgebildet ist oder nicht, und wird gegebenenfalls korrigiert. Auf Basis dieser Rückmeldungen nimmt es dann eigenständig Veränderungen an seinem Programm vor, bis es einigermaßen zuverlässig Ampeln erkennen kann – und zwar auch auf Fotos, die es zuvor nicht gesehen hatte. Es erwirbt also anhand einer endlichen Menge von Beispielen einen allgemeinen Begriff – und nichts anderes ist letztlich induktives Schlussfolgern in der Wissenschaft.

Lady Lovelaces Einwand (S. 67 f. [450 f.]): Der sechste Einwand stützt sich auf Lovelaces Feststellung, Maschinen könnten zwar Musikstücke komponieren (s. Kap. 4), aber eben nicht aus sich heraus, sondern nur deshalb, weil wir die entsprechenden Befehle kennen (S. 67 [450]). Turing hält dem entgegen, dass die Tatsache, dass Lovelace *keine Veranlassung hatte,* einer Maschine ein Überraschungspotenzial *zuzuschreiben,* nichts darüber sagt, ob diese dieses Potenzial tatsächlich *besitzt.* Wie gesehen konnte der weitere Verlauf der Berechnung schon bei der Analytischen Maschine von einem Zwischenergebnis abhängig sein (s. Kap. 4), so dass unbeteiligte Beobachter von ihrem Verhalten durchaus ebenso überrascht sein konnten wie von allem, was in anderen Maschinen z. B. das Resultat eines quasi-zufälligen Elements (s. Anm. 25,24) ist, das dafür

sorgt, dass sich ihnen eben just nicht »zugleich alle Folgen [einer dargebotenen] Tatsache offenbaren« (S. 71 [451]).

Das Argument der Stetigkeit des Nervensystems (S. 71 [451 f.]): Der siebte Einwand beruht auf der Beobachtung, dass das Gehirn analog, also mit kontinuierlichen Übergängen, operiert (s. Anm. 29,15), während digitale Rechner mit diskreten Repräsentationen (1/0, wahr/falsch) arbeiten (s. Anm. 17,8 f.). Der Vergleich digitaler Rechner mit analogen Differenzialanalysatoren (s. Anm. 73,11) zeigt jedoch – ebenso wie Turings (1948) eigene Ideen zu neuronalen Netzen (s. Kap. 6.3) sowie die Pionierarbeit von McCulloch und Pitts zu McCulloch-Pitts-Zellen (s. Kap. 5.3) –, dass sich ihre Resultate ungeachtet ihrer inkommensurablen Arbeitsweise so weit annähern können, dass sie für den Menschen nicht mehr voneinander zu unterscheiden sind.

Der Einwand der Unmöglichkeit von Verhaltensregeln (S. 73 f. [452 f.]): Der achte Einwand sieht den entscheidenden Unterschied zwischen Mensch und Maschine darin, dass das Verhalten von Maschinen ausnahmslos durch Regeln vorgeschrieben ist, das Verhalten, das Menschen unter allen erdenklichen Umständen an den Tag legen, jedoch nicht mithilfe eines solchen Regelwerks einzufangen ist. Das mag sein, so Turings Erwiderung, es zeigt aber nicht, dass Menschen keine Maschinen sind (und daher auch nicht, dass Mensch und Maschine im Turingtest auf jeden Fall voneinander zu unterscheiden sein werden). Der Schluss

> Wenn etwas eindeutigen Verhaltensregeln folgt, dann ist es eine Maschine.

> Menschen folgen keinen eindeutigen Verhaltensregeln.
> Also sind Menschen keine Maschinen.

ist nämlich nicht gültig (s. Anm. 75,18). Spricht man anstelle von Verhaltens*regeln* im Sinne von konventionellen Vorschriften von Verhaltens*gesetzen* im Sinne von Naturgesetzen, so Turing weiter, erhält man in der Tat ein gültiges Argument:

> Wenn etwas eine Maschine ist, dann ist es von eindeutigen Verhaltensgesetzen bestimmt.
> Menschen sind nicht von eindeutigen Verhaltensgesetzen bestimmt.
> Also sind Menschen keine Maschinen.

Allerdings besagt die zweite Prämisse nun, dass Menschen mit ihrem Verhalten nicht den Naturgesetzen unterliegen, und das ist eine deutlich fragwürdigere Behauptung als die ursprüngliche, dass sie sich nicht (immer) gemäß eindeutiger Regeln verhalten.

Das Argument von der außersinnlichen Wahrnehmung (S. 77 f. [453 f.]): Der neunte Einwand mutet heutzutage befremdlich an: Einer der bedeutendsten intellektuellen Köpfe des 20. Jahrhunderts legt den Grundstein der modernen KI-Forschung und macht sich alldieweil Sorgen über die überwältigenden Belege für Formen von außersinnlicher Wahrnehmung wie Telepathie! Könnte, so der Einwand, der Fragesteller den Menschen nicht dadurch erkennen, dass dieser aufgrund seiner telepathischen Fähigkeiten Auskunft über bestimmte Sachverhalte erteilen kann (z. B. darüber, welche Karte der Fragesteller in der Hand hält),

während die Maschine in Ermangelung solcher Fähigkeiten raten muss? Tatsächlich stellte die Parapsychologie 1950 ein stark beforschtes Gebiet mit Instituten an renommierten Universitäten dar, so unter anderem in Stanford und der Duke University. Es ist keineswegs unwahrscheinlich, dass Turing die Meta-Analyse – die erste ihrer Art und damals hoch angesehen – von Pratt [u. a.] (1940) zur Parapsychologie kannte. Es sollten noch mehrere Jahrzehnte vergehen, bis den seinerzeit als hervorragend geltenden Experimenten und Methoden völlige Unzulänglichkeit bis hin zu direktem Betrug nachgewiesen werden konnte und diese Ergebnisse als der Humbug aufgedeckt wurden, der sie tatsächlich sind. Wie dem auch sei: Wie Turing zu Recht herausstellt, sind der Phantasie, hat man außersinnliche Formen von Wahrnehmung erst einmal zugelassen, kaum noch Grenzen gesetzt: Warum sollte man den Turingtest nicht in einem telepathie-undurchlässigen Raum durchführen? Oder warum sollte eine Maschine nicht ebenfalls empfänglich für psychokinetische Kräfte sein?

In Turings Augen spricht also nichts zwingend *dagegen*, dass Maschinen im Turingtest bestehen können. Das garantiert allerdings nur die *Möglichkeit* für die Existenz denkender Maschinen. Mindestens ebenso wichtig ist jedoch die Frage, was denn dafür spricht, dass diese Möglichkeit auch tatsächlich *Realität* werden kann.

6.3 Lernende Maschinen

In Ermangelung wasserdichter positiver Belege (s. Anm. 83,3) für seine These intelligenter Maschinen (Turing 1948) bedient sich Turing einiger veranschaulichender Analogien,

die zumindest »Zuversicht erwecken« (S. 85 [455]) sollen. So vergleicht er in Abschnitt 7 unter anderem den menschlichen Verstand mit einem Reaktorkern, dessen Reaktion bei einer nur kleinen Stimulierung wieder abklingt, bei dem bei einer hinreichend großen Stimulierung jedoch eine kritische Grenze überschritten wird und es zu dramatischen Konsequenzen kommt. Erstere entspreche einem unter-kritischen Verstand, der auf eine Idee nur schwach reagiere, Letztere hingegen einem über-kritischen Verstand, der aus einer ihm sozusagen injizierten Idee »eine ganze ›Theorie‹ hervorbringen« könne (S. 85 [454]). Nochmals den Einwand von Lady Lovelace (s. Kap. 6.2) aufgreifend, wendet sich Turing vor dem Hintergrund dieser Analogie anschließend der Frage zu, ob auch Maschinen über-kritisch sein können. Mithilfe einer klassischen Programmierung (die es seinerzeit so letztlich noch gar nicht gab, da z. B. die Programmierung der MADM nicht mit einer Programmiersprache, sondern mithilfe unzähliger %-, $-, £- und /-Zeichen erfolgte; Boden 2006, S. 156), so Turings Schätzung, würde es rund 3000 Mannjahre dauern, dieses Ziel zu erreichen (S. 87 [455]). Dieser langwierige Prozess ließe sich umgehen, indem man zunächst einmal nur eine Kind-Maschine programmieren würde, die über die vergleichsweise einfachen geistigen Fähigkeiten eines Kindes verfügt, und diese dann einem ähnlichen Lernprozess unterzieht, wie ihn ein Kind durchläuft (S. 89 [456]). Die Entwicklung der Kind-Maschine lehnt Turing an den Prozess der natürlichen Auslese an (s. Anm. 91,11 f.), beschleunigt ihn jedoch, indem der Programmierer das Verhalten der Kind-Maschine durch Mutationen gezielt verbessern soll (S. 91 [456]). Damit nimmt Turing zentrale Ideen dessen vorweg, was heut-

zutage als Forschung auf dem Gebiet von künstlichem Leben (engl.: *artificial life*) und im Zuge von *soft computing* als »evolutionäre Algorithmen« (engl.: *evolutionary/organic computing*) bezeichnet wird (z. B. Kruse [u. a.] 2015).

Auf den ersten Blick lesen sich Turings Überlegungen zu einer Kind-Maschine, die mittels Bestrafung und Belohnung sowie auf anderen, nicht-emotionalen Kommunikationskanälen lernt, Befehle zu befolgen (S. 93 [457]) für einen Mathematiker seiner Brillanz merkwürdig naiv, ein wenig wie die Fantastereien im »Aufsatz eines Schuljungen« – so das Verdikt von Charles Darwin (1887–1962), Enkel des gleichnamigen Begründers der Evolutionstheorie und seit 1938 Direktor des NPL (Copeland 2004b, S. 401). In Wahrheit war Turing seiner Zeit wieder einmal einfach nur weit voraus, und zwar so weit, dass dieses Mal selbst jemand wie er nur im Vagen bleiben konnte. Seine unorthodoxen und nicht wirklich erfolgreichen Experimente mit einer Kind-Maschine (S. 93 [456]) waren nämlich nichts weniger als die ersten Experimente mit trainierbaren neuronalen Netzen, die in ihrer Bedeutung erst ab Mitte der 1980er Jahre durch die Arbeiten von David Rumelhart, John McClelland und ihren Kollegen zu mehrschichtigen neuronalen Netzen (wieder!) ernstgenommen werden sollten (Rumelhart [u. a.] 1986).

1947 war Turing von den mangelnden Fortschritten an der ACE so frustriert (s. Kap. 5.3), dass er am NPL um eine zwölfmonatige Freistellung für weitere Forschung in Cambridge bat (von dort ging er nach Manchester und kehrte nicht wieder zurück; s. Kap. 1). Während dieser Zeit verfasste er seine Arbeit »Intelligent Machinery« (Turing 1948), die der Öffentlichkeit jedoch erst 1968 zugänglich

wurde. Ähnlich wie McCulloch und Pitts (1943) beschreibt Turing darin sogenannte B-type-Netzwerke künstlicher binärer Neurone (s. Kap. 5.3). Solche vereinfachten Neuronenmodelle sind Zellen mit zwei Eingängen und mindestens einem Ausgang, die jeweils entweder den Wert »0« oder den Wert »1« annehmen können. Diese Zellen können in beliebiger Zahl miteinander verknüpft werden: Jede Zelle eines B-type-Netzwerks berechnet ihren Output mithilfe eines NAND-Operators. Dieser Operator liefert den Wert »0«, wenn beide Eingänge den Wert »1« haben, und andernfalls den Wert »1« (daher der Name »NAND«: »nicht-und«, »nicht-beides«). Ihren so berechneten Output gibt eine Zelle dann über sogenannte Wandler (engl.: *connection modifiers*) an den Eingang anderer Zellen weiter. Diese Wandler verfügen über einen Eingang, über den sie den Output einer Zelle empfangen, und über einen Ausgang, durch den sie diesen – gegebenenfalls modifiziert – an den Eingang einer anderen Zelle weiterleiten (s. Abb. 3). Was genau ein Wandler tut, hängt davon ab, in welchem Modus er arbeitet: Arbeitet er im Wechselmodus (engl.: *interchange mode*), fungiert er als Negation und gibt den Wert »1« weiter, wenn er den Wert »0« empfängt, und umgekehrt; arbeitet er im Störmodus (engl.: *interrupt mode*), übertüncht er die Aktivität der vorgeschalteten Zelle, indem er immer den Wert »1« weitergibt, unabhängig davon, ob er den Wert »0« oder »1« empfängt (s. Abb. 3).

Turing konnte zeigen, dass sich die beiden Modi der Wandler ebenfalls ausschließlich mithilfe des NAND-Operators realisieren lassen. Da dies der einzige Operator ist, mit dem sich alle anderen (aussagen)logischen Operatoren definieren lassen, war er der Auffassung, dass ein solches

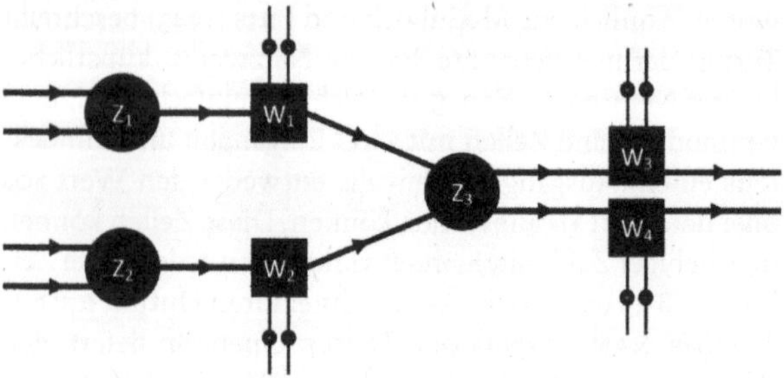

Abb. 3: Ausschnitt eines Netzwerks vereinfachter Neuronenmodelle; die Zellen (Z) sind über Wandler (W) miteinander verbunden; die Wandler arbeiten entweder im Wechselmodus (W) oder im Störmodus (S)

Netzwerk von NAND-Zellen und Wandlern daher jede Boole'sche Operation ausführen und so die gesamte (Aussagen-)Logik einfangen kann (was so nicht korrekt ist; s. u.).

In einer »unorganisierten Maschine«, wie Turing es nennt, sind die Verbindungen zwischen den Zellen zunächst rein zufällig (anders als bei McCulloch und Pitts; s. Kap. 5.3). Anschließend wird die Maschine mithilfe der Wandler durch, wie Turing es ausdrückt, »angemessene Veränderungen, die einem Ausbildungsprozess gleichkommen« (Turing 1948, S. 422) trainiert. Eine solche unorganisierte Maschine wäre die Kind-Maschine, von der Turing in der vorliegenden Arbeit spricht, denn, so war er überzeugt, »der Kortex eines Kleinkinds ist eine unorganisierte Maschine, die durch ein angemessenes Training organisiert werden kann« (Turing 1948, S. 424). Im Rahmen eines solchen Trainings werden unerwünschte Verbindungen ge-

kappt, indem die entsprechenden Wandler in den Störmodus versetzt werden, so dass der Output der vorgeschalteten Zelle keinen Einfluss auf den Wert der nachgeschalteten Zelle mehr hat. Umgekehrt können neue Verbindungen geschaffen werden, indem ein Wandler, der bislang im Störmodus arbeitete und den Einfluss der vorgeschalteten Zelle unterdrückte, in den Wechselmodus versetzt wird. Auf diese Weise wird, so Turing, eine unorganisierte Maschine durch einen entsprechenden Lernprozess ebenso mächtig »wie eine universelle Turingmaschine mit einer endlichen Speicherkapazität« (Turing 1948, S. 422).

Mit dieser Aussage lag er ausnahmsweise falsch: Ein Netzwerk, dessen Wandler stets entweder im Stör- oder im Wechselmodus arbeiten, kann unter anderem kein »entweder-oder« implementieren (logisch gesprochen: ein XOR, eine ausschließende Disjunktion), d. h. einen Operator, der dann den Wert »1« annimmt, wenn genau einer seiner beiden Eingänge den Wert »1« hat, und den Wert »0« andernfalls. Das ändert jedoch nichts daran, dass Turing grundsätzlich die richtige Idee hatte: Das Problem lässt sich nämlich vermeiden, wenn Wandler, die nicht im Störmodus arbeiten, in einem Ruhemodus sind, in dem sie den Output, den sie von einer Zelle empfangen, einfach unverändert weitergeben (z. B. Copeland/Proudfoot 1996; Webster 2012) – dabei kann ein Wandler im Ruhemodus ganz einfach durch zwei hintereinandergeschaltete Wandler im Wechselmodus implementiert werden, die sich gegenseitig aufheben. Netze mit solchen Wandlern können in der Tat, wie Turing behauptete, »jeden gewünschten Auftrag erledigen, wenn man ihnen genug Zeit und ausreichend viele Zellen gibt« (Turing 1948, S. 422).

Turing erkannte bereits damals, dass neuronale Netze wie die beschriebenen unorganisierten Maschinen von digitalen Universalrechnern implementiert werden können. Da die ACE allerdings noch nicht funktionstüchtig war, nahm er alle Berechnungen kurzerhand mit Papier und Bleistift vor, konnte daher aber die von ihm erwogenen Maschinen und Organisations- oder Trainingsstrategien nur sehr begrenzt praktisch testen. Vor dem Hintergrund der Vorstellung von Strafe und Belohnung als grundlegenden Parametern der Erziehung und Ausbildung spekulierte er z. B. über sogenannte Freude-Schmerz Systeme (engl.: *pleasure-pain systems*), deren Organisation ausschließlich durch Strafe und Belohnung erfolgt. Er entwarf sogar eine sehr rudimentäre Maschine dieser Art, musste jedoch eingestehen, dass die Papier-und-Bleistift-Methode »zu mühselig« war und setzte darauf, dass die erforderlichen Berechnungen »mit tatsächlich funktionierenden elektronischen Rechner[n] praktikabler werden« (Turing 1948, S. 428) würden. Als er später in Manchester tatsächlich Zugang zum MADM hatte, war sein rastloser Geist allerdings schon längst wieder mit anderen Dingen beschäftigt (s. Kap. 1).

Das, was Turing für seine Verhältnisse so ungewohnt nonchalant als »unorthodoxe Methode« bezeichnet, nämlich die Erziehung einer Kind-Maschine in Gestalt der gezielten Organisation eines zunächst unorganisierten Netzwerks, ist im Grunde nichts anderes als das Grundprinzip des Konnektionismus (z. B. Kaffka 2017) sowie dessen, was derzeit unter dem Stichwort »tiefes Lernen« (engl.: *deep learning*) für Furore sorgt (z. B. Goodfellow [u. a.] 2018). Rückblickend betrachtet kokettiert er im Schlusssatz seiner Arbeit daher mit einer ganz ansehnlichen Untertreibung.

Natürlich musste noch viel getan werden. Aber dass er nicht sehr weit vorausschauen konnte, kann man nun wirklich nicht sagen – ein »über-kritischerer« Visionär als Turing ist kaum vorstellbar.

7. Turings Wirkungsgeschichte

Die von Turing erstmals aufgeworfene Frage, ob Maschinen denken können, und der Test, durch den er sie zu beantworten versucht, erhitzen auch nach Jahrzehnten noch immer die Gemüter von Philosophen und Computerwissenschaftlern. Was wurde aus seiner Prognose, dass Computer zur Jahrtausendwende im Turingtest bestehen würden? Und wäre darin ein Maßstab für maschinelle Intelligenz zu sehen?

7.1 Der Loebner-Preis

Turings Frage, ob eine Maschine in einem fünfminütigen Gespräch 30 Prozent der durchschnittlichen Fragesteller täuschen kann, hat Generationen von Programmierern veranlasst, die Probe aufs Exempel zu machen. In der Regel geht es dabei allerdings gar nicht darum, den Turingtest in seiner unorthodoxen (s. Kap. 6.1), möglicherweise aber ursprünglich von Turing intendierten (s. Anm. 39,7) Variante zu bestehen.

Zum einen wird oftmals gar nicht erst versucht, mit einem Programm die gesamte Bandbreite möglicher Konversationsthemen abzudecken. Gerade einige der bekannteren frühen Programme wie z. B. *Eliza* (Weizenbaum 1966), das

einen Psychotherapeuten mimt, oder *Parry* (Colby [u.a.] 1972), das einen paranoid-schizophrenen Patienten mimt, waren auf eng umschriebene Weltausschnitte beschränkt. Auf diese Weise konnten sie zwar mittels vergleichsweise »fauler Tricks« (S. 81 [446]) manchmal halbwegs überzeugende Dialoge zustande bringen und wohl auch ein paar Fragesteller täuschen (Saygin [u.a.] 2000, S. 501). Sie waren jedoch weit davon entfernt, im Turingtest zu bestehen.

Zum anderen unterscheidet sich die heutzutage gängige Variante des Turingtests von Turings ursprünglichem Vorschlag. Während es Turing (vermutlich; s. Anm. 39,7) darum ging, dass die Maschine (A) und der Mann (B) beide vorgeben müssen, eine Frau zu sein, und daher zumindest ein Stück weit gleiche Ausgangsvoraussetzungen haben (s. Kap. 6.1), geht es bei der heutzutage üblichen Variante für die Maschine darum, im Vergleich mit einem Menschen (unabhängig davon, welchen Geschlechts) hinreichend oft für den Menschen gehalten zu werden.

In dieser Form hat sich der Turingtest in Gestalt des Anfang der 1990er Jahre von Hugh Loebner (1942–2016) ins Leben gerufenen Loebner-Preises als alljährlicher Wettbewerb etabliert. Dabei sollen mittels textbasierter Dialogsysteme, sogenannter Chatbots, Unterhaltungen mit Juroren geführt werden, die diese nicht mehr als maschinell generiert erkennen können.

Als einigermaßen erfolgreich hat sich der Chatbot *Eugene Goostman* erwiesen, der über Grammatikfehler und fehlendes Weltwissen hinwegzutäuschen versucht, indem er sich als 13-jähriger ukrainischer Junge ausgibt. *Eugene Goostman* landete beim Loebner-Preis zweimal auf vorderen Plätzen, verfehlte dabei aber Turings magische Quote

von 30 Prozent. Im Juni 2014 erzielte er bei einem Turingtest an der Royal Society London jedoch eine Täuschungsrate von 33 Prozent (Warwick/Shah 2016, S. 1006), weshalb manche ihn zum ersten Programm adeln wollen, das im Turingtest bestanden hat. Andere kritisieren Ansprüche wie diesen mit Nachdruck. Zwei Fragen werden dabei oftmals miteinander vermengt: Die eine, nicht sonderlich spannende, lautet, ob die entsprechenden Regularien Turings Anforderungen getreu genug umsetzen, um wirklich von einem Turingtest sprechen zu können. Die andere ist, ob das Meistern einer solchen Aufgabe tatsächlich als Zeichen echter (geschweige denn menschlicher!) Intelligenz zu werten ist. Kritiker wenden etwa ein, *Eugene Goostman* sei nur eine »clever programmierte Software«, die die Juroren durch »konstantes Täuschen und Ablenken« in die Irre führe, jedoch nicht »wirklich intelligent« sei (Marcus 2014). Das ist genau die Frage, die Turing für »zu unbedeutend« hielt, »um einer Diskussion wert zu sein« (S. 41 [442]). Dennoch hat sich ein Großteil der – gerade auch philosophischen (s. Kap. 7.2) – Debatte just darauf kapriziert. Aus diesem Grunde sehen namhafte Computerwissenschaftler wie Marvin Minsky (1927–2016) oder Stuart Russell (*1962) im Turingtest ein Ärgernis, das die Entwicklung der KI hemmt, anstatt sie voranzutreiben.

Drei Jahre nach Loebners Tod endet aufgrund auslaufender finanzieller Unterstützung die Vergabe des von ihm einst ausgelobten Preises genau zu der Zeit, zu der Chatbots wie ChatGPT die Öffentlichkeit beeindrucken und eine Entwicklungsstufe erreicht haben, auf der sie zuvor entwickelte KI-Systeme in Bezug auf ihr Kommunikationsverhalten weit in den Schatten stellen (s. Kap. 7.3).

7.2 Kritik am Turingtest

In Turings Augen war die Frage, ob Maschinen denken können, einer Diskussion nicht wert. Sie sollte ersetzt werden durch die Frage, ob Maschinen im Turingtest bestehen können. Turing wollte also eher ein Prolegomenon zu einer zukünftigen KI verfassen, als eine Theorie menschlichen Denkens ausformulieren. Dennoch wurde seine Gleichsetzung von maschineller Intelligenz mit dem Bestehen im Turingtest philosophisch immer wieder thematisiert.

Ned Block (*1942) hat zu Recht darauf hingewiesen, dass es in einem Sinne des Ausdrucks »Maschine« völlig offenkundig ist, dass nicht jede Maschine, die im Turingtest besteht, denken kann. Block (1981, 1995) beschreibt eine Maschine, die in einer astronomisch großen Datenbank alle in einer gegebenen Zeit sinnvoll führbaren Konversationen gespeichert hat und für ihre Antwort jeweils zufällig eine Zeichenfolge auswählt, die das bisherige Gespräch weiterführt. Diese (praktisch nicht umzusetzende) Maschine würde in jedem (endlichen) Turingtest ebenso gut abschneiden wie ein Mensch, könnte aber offenbar in keinem nennenswerten Sinne *denken.* Ob eine Maschine denken kann, hängt also augenscheinlich nicht (nur) von ihrem (Sprach-)Verhalten ab, sondern (auch) davon, *wie sie es hervorbringt.* Das ist soweit zwar richtig, verfehlt aber den Punkt. Turing war kein Behaviorist, für den sich geistige Leistungen in Reiz-Reaktions-Abfolgen erschöpfen (s. Kap. 4). Seine Beschäftigung mit intelligenten Maschinen hat ihre Wurzeln (s. Kap. 5.3) in einem Klima, in dem man sich just Gedanken über die Natur gerade jener Prozesse machte, die zwischen Reiz und Reaktion vermitteln, und

zu der Auffassung gelangte, dass sie (unabhängig davon, ob sie im Gehirn oder in digitalen Universalrechnern ablaufen) computational beschrieben werden können. Wenn Turing also nach denkenden Maschinen fragt, dann ist dieses Computermodell des Geistes zumindest in seinen Grundzügen immer mitzudenken, auch wenn es seine volle Blüte erst rund 20 Jahre später entfalten sollte.

Angenommen also, eine Maschine überzeugt im Turingtest, indem sie Informationen auf computationaler Ebene (s. Anm. 29,10–12) auf dieselbe Art und Weise verarbeitet, wie Menschen es gemäß dem Computermodell des Geistes tun. Ließe sich dann behaupten, dass diese Maschine denken kann? Das bekannteste Argument dafür, dass dies *nicht* so sein muss, formulierte John Searle (*1932) mit seinem Gedankenexperiment vom Chinesischen Zimmer, mit dem er die Vorstellung attackierte, dass Maschinen allein aufgrund ihrer Programmierung semantisches Verständnis zeigen können (Searle 1980): Angenommen, eine Person, die kein Chinesisch versteht, befinde sich in einem Zimmer, in das drei Stapel chinesischer Texte sowie Anweisungen in englischer Sprache hineingereicht werden. Diese geben an, wie sich aus der Form der chinesischen Schriftzeichen und ihren formalen Beziehungen untereinander weitere Zeichen ergeben, die die Person zu notieren und nach draußen zu reichen hat. Bei den Texten handelt es sich um eine Geschichte sowie um Hintergrundinformationen und Fragen zu dieser Geschichte. Die nach draußen gereichten Zeichenfolgen verstehen chinesische Muttersprachler als Antworten auf die Fragen. Die englischen Anweisungen sind ein Programm, das es der Person, die es ausführt, mit hinreichend viel Übung erlaubt, die chinesi-

schen Zeichen so zu transformieren, dass Antworten auf Fragen zu der Geschichte in chinesischer Sprache entstehen, die von den Antworten chinesischer Muttersprachler ununterscheidbar sind. Da die Person im Chinesischen Zimmer jedoch trotz allem kein Chinesisch versteht, so Searle, lässt sich das semantische Verständnis, das den (ununterscheidbaren) Antworten chinesischer Muttersprachler zugrunde liegt, nicht auf die bloße Ausführung eines Programms zurückführen.

Es geht Searle wohlgemerkt *nicht* darum, dass Maschinen oder Computer nicht denken können: Menschen sind für ihn sowohl eine Art Maschine als auch eine Art Computer (1980, S. 422), und Menschen können denken. Entscheidend ist für Searle lediglich, dass die Maschinen nicht allein schon deshalb denken können, *weil* sie eine formale Symbolverarbeitung vornehmen. Sie mögen im Turingtest gute Antworten geben, sogar so gute, dass wir sie nicht mehr von einem Menschen unterscheiden können, so Searles Behauptung, aber wenn sie es tun, verstehen sie kein bisschen von dem, was sie sagen. Turing wirft jedoch in einem anderen Kontext eine Frage auf, die in diesem Zusammenhang durchaus wichtig ist. Wer fordert, so Turing (s. Kap. 6.2), dass Maschinen nur dann denken können, wenn sie über Bewusstsein verfügen, handelt sich das Problem des Fremdpsychischen ein (s. Anm. 53,4–10; 53,12 f.): Wir können schließlich niemals sicher sein, dass überhaupt jemand außer uns denkt. Dennoch, so Turing, treffen wir »die höfliche Übereinkunft« (S. 53 [446]), dass unsere Mitmenschen ebenfalls denken. Wenn wir nun also mit einem Chatbot oder dem Chinesischen Zimmer ebenso gut kommunizieren könnten wie mit unseren Mitmenschen, so

müsste sich Searle doch ganz ähnlich fragen lassen, warum sollten diese dann nicht auch in den Genuss unserer höflichen Übereinkunft kommen?

Eine Antwort auf diese Frage findet sich in der Kritik, die Hubert Dreyfus (1929–2017) an einer übertrieben optimistischen Sicht auf die Möglichkeiten einer auf Symbolverarbeitung beschränkten KI übt (Dreyfus 1972, 1992). Dreyfus zufolge fehlt Computern jenes Hintergrundverständnis, das unseren Kontakt zur Welt ausmacht. Wirklich (be)*greif*bar ist für uns nur das, »was sich uns als etwas bereits in unsere Welt Integriertes darbietet und in unseren praktischen Umgang mit ihr passt« (Dreyfus 1991, S. 115). Dahinter steht Martin Heideggers (1889–1976) Analyse unserer Grundverfassung eines »In-der-Welt-Seins«, in der wir uns immer schon als in einer Welt befindlich erfahren, deren Gegenstände uns »zuhanden« und nicht bloß »vorhanden« sind, die also wie z. B. ein Hammer dazu da sind, dass wir etwas mit ihnen *tun.* Diese »Zuhandenheit« erschließt sich nur im *praktischen Umgang* mit der Welt: »Das Hämmern selbst entdeckt die spezifische ›Handlichkeit‹ des Hammers. [...] Der nur ›theoretisch‹ hinsehende Blick auf die Dinge entbehrt des Verstehens von Zuhandenheit« (Heidegger 1927, S. 69). Moderner ausgedrückt: Weltwissen ist ein wesentlich auf der Interaktion mit der Welt beruhendes praktisches *Wissen-wie* (ein Wissen, *wie man etwas macht*). Die von jedem engagierten Umgang mit der Welt losgelösten abstrakten Repräsentationen, mit denen selbst Bots wie ChatGPT arbeiten, können bislang allenfalls ein abstraktes *Wissen-dass* (also ein Wissen, *dass etwas der Fall ist*) zustande bringen und daher kein wirkliches *Verständnis* der Welt.

Wie Searle zielt Dreyfus nicht auf den Turingtest als solchen ab, sondern auf die Vorstellung von Denken, die diesem implizit zugrunde liegt, nämlich auf das Computermodell des Geistes. In eine ähnliche Richtung gehen auch Ansätze, die in der Kognitionswissenschaft derzeit dafür eintreten, dass kognitive Leistungen wesentlich situiert sind. Der Oberbegriff »situierte Kognition« umschließt dabei eine Reihe von Strömungen, die kognitive Prozesse auf die eine oder andere Weise nicht (ausschließlich) im Gehirn, sondern (auch) in der Echtzeitinteraktion eines körperlich auf bestimmte Weise verfassten Systems mit seiner Umwelt verorten (Walter 2014, Kap. 5–10). Vor diesem Hintergrund mag es eine spannende Fingerübung sein, Chatbots zu konstruieren, die in wie auch immer gearteten Turingwettbewerben bestehen können. *Denkenden Maschinen* kommt man damit jedoch nicht näher, und zwar nicht deshalb, weil es sich dabei um (nicht-menschliche) Maschinen handelt, sondern weil sich Denkprozesse (unabhängig davon, ob in menschlichen oder anderen kognitiven Systemen) *grundsätzlich* nicht verstehen lassen, ohne die körperliche Verfasstheit des betreffenden Systems sowie seine verkörperlichte Interaktion mit seiner Umwelt in Rechnung zu stellen. Unter diesen Vorzeichen *kann* der Turingtest gar kein geeigneter Gradmesser für Intelligenz sein, und zwar weder für maschinelle noch für sonst eine Form von Intelligenz.

Ungeachtet der immensen Popularität, der sich situierte Ansätze aktuell erfreuen, schiene es unangebracht, KI-Systemen nur deshalb pauschal *jedwede* Art von Intelligenz abzusprechen, weil sie nicht über eine entsprechende körperliche Ausstattung verfügen, um aktiv mit ihrer Umwelt

zu interagieren. So hielt man es lange für unmöglich, dass eine Maschine ein so komplexes Spiel wie *Go* gegen einen Menschen gewinnen könnte – nicht nur wegen der enormen Anzahl an Spielmöglichkeiten, sondern auch deshalb, weil man davon ausging, menschliche Intuition und Kreativität seien in manchen Spielsituationen unabdingbar. Umso mehr ist es als Erfolg der KI-Forschung zu werten, dass *AlphaGo* 2016 einige der besten menschlichen Go-Spieler schlagen konnte. Obwohl bei Systemen wie *AlphaGo* von situierter Kognition klarerweise keine Rede sein kann, schiene es merkwürdig, ihnen Intelligenz *tout court* abzusprechen – und das obwohl sie im Turingtest ganz sicher nicht bestehen würden. Haben wir 70 Jahre nach Turing einen Punkt erreicht, an dem Maschinen den Turingtest überhaupt nicht mehr bestehen können *müssen*, um als intelligent zu gelten? Hatte Turing mithin möglicherweise gar nicht so Unrecht, als er fragte: »Könnten Maschinen nicht etwas tun, das zwar als Denken bezeichnet werden sollte, das sich jedoch stark von dem unterscheidet, was ein Mensch tut?« (S. 13 [435]).

7.3 Intelligente Maschinen der Gegenwart

Die Tatsache, dass eine Maschine im Turingtest nicht bestehen kann, scheint in der heutigen KI-Forschung nicht mehr zum Anlass genommen zu werden, ihr ein Denkvermögen prinzipiell abzusprechen. In der Tat scheinen sich Maschinen bereits heute auf so viele Arten *intelligent* zu verhalten, dass es üblich geworden ist, sie als »smart« oder »denkend« zu bezeichnen, auch wenn sie gar nicht darauf angelegt sind, den Turingtest zu bestehen, geschweige

denn wie Menschen zu denken, sondern als hochspezialisierte Problemlöser programmiert werden.

Neben *AlphaGo* und dem berühmten Schachcomputer *Deep Blue* ist eines der wohl eindrucksvollsten KI-Systeme der Sprachroboter *IBM Watson*, der 2011 den damaligen Rekordhalter Brad Rutter in der Quizshow *Jeopardy!* schlug (Nikolić 2019). Watson bestand damit gewissermaßen einen *eingeschränkten* Turingtest, da die gestellten Fragen auf ein spezielles Gebiet beschränkt blieben. Das Format einer Quizshow stellte jedoch auch gerade deshalb ein geeignetes Anwendungsgebiet dar, weil es *Watson* erlaubte, sich auf reines Faktenwissen zu beschränken, ohne dass er in der Lage hätte sein müssen, einen intentionalen Sprachgebrauch oder eine *Theory of Mind*, also eine Repräsentation der Gedanken der anderen Teilnehmenden, zu meistern, wie es für eine echte Konversation im Rahmen eines vollumfänglichen Turingtests erforderlich gewesen wäre.

In dieser Hinsicht ähnelt *Watson* anderen KI-Systemen, die in der Lage sind, Urteile auf sehr eingeschränkten Gebieten präziser, schneller und beständiger zu fällen als Menschen, also ähnlich wie der IBM-Schachcomputer *Deep Blue*, dem es aufgrund seiner weitreichenden Berechnungen möglich war, in seiner historischen Partie 1997 den damaligen Schachweltmeister Garri Kasparov (*1963) zu schlagen. Auch in anderen Bereichen, wie etwa juristischen Prüfungen, medizinischen Diagnosen oder bei der Kreditvergabe lassen sich durch den in diesen Zusammenhängen kontrovers diskutierten Einsatz von KI-Systemen mittlerweile ähnlich treffsichere Ergebnisse erzielen, die denen auch der besten menschlichen Experten zumindest eben-

bürtig sind. (Die Tatsache, dass sich Dinge, die wir Menschen nebenbei, oft unbewusst und sehr intuitiv erledigen, für Maschinen als enorm schwierig erweisen, während hingegen Dinge, die Menschen schwierig finden, wie Schach oder der Umgang mit großen Datenmengen, für Maschinen weniger Schwierigkeiten bedeuten, wird auch als »Moravec'sches Paradoxon« bezeichnet.)

Obwohl die heutigen KI-Systeme mitunter Probleme lösen sollen und können, die menschliche Kompetenzen übersteigen, basieren ihre Mechanismen zur Lösung dieser Probleme in vielerlei Hinsicht dennoch auf Prinzipien menschlicher Intelligenz. Wie von Turing prognostiziert, sind die heute verwendeten Algorithmen von menschlichen neuronalen Netzen inspiriert (s. Kap. 6.3). Im klassischen *deep learning* (z. B. Goodfellow [u. a.] 2018) werden künstliche neuronale Netze mit vielen Zwischenschichten zwischen Ein- und Ausgabeschicht eingesetzt. Im neueren *deep reinforcement learning* können sie zusätzlich noch mit einer *reinforcement-learning*-Architektur kombiniert werden, welche Agenten in die Lage versetzt, die für sie bestmöglichen Handlungen in einer virtuellen Umgebung ähnlich wie im menschlichen Verstärkungslernen (s. Anm. 67,15) über Belohnungen zu erlernen. Um ihr Verhalten entsprechend anpassen zu können, müssen sie dabei ihren eigenen Output lesen können, sich also wie von Turing beschrieben »selbst zum Gegenstand haben« (S. 65 [449]), und daher in der Lage sein, »bei der Erstellung ihrer eigenen Programme zu helfen oder [...] die Auswirkungen von Änderungen in ihrer Struktur vorherzusagen« (S. 65 [449]).

Ein weiterer Aspekt des menschlichen Gehirns, an dem sich zu orientieren versucht wird, ist die Fähigkeit des Erin-

nerns. Insbesondere an dem Phänomen des sogenannten *experience replay*, der Wiedergabe von Erfahrungen, wird deutlich, dass unser Gedächtnis mehr als nur eine Datenbank ist: Gedächtnisinhalte sind nicht bloß in Form von Daten und Fakten gespeichert, sondern in Form von Episoden zugänglich. Wenn wir z. B. nach einem verlegten Gegenstand suchen, dann gehen wir automatisch unsere letzten Erinnerungen an diesen Gegenstand durch, um uns den Ort ins Gedächtnis zu rufen, an dem wir ihn zuletzt gesehen haben. Für KI-Systeme bietet dieses Phänomen eine vielversprechende Perspektive, da sie ganzheitliche Erfahrungen in Erinnerung rufen, miteinander verknüpfen und aus diesen Verknüpfungen wiederum neue, kohärente Inhalte bilden können.

Solche Hoffnungen werden insbesondere in Hinblick auf die zukünftige Entwicklung einer »*artificial general intelligence*« geäußert. Das Ziel einer allgemeinen künstlichen Intelligenz, sich an alle möglichen Situationen anpassen zu können, indem sie auf abstrakter Ebene erlernte Konzepte auf neue Umgebungen anwendet, schien bis vor kurzem (als wir 2020 das Nachwort für die Erstausgabe dieses Buches verfassten) noch genauso weit entfernt wie die Erfolgsschwelle, die Turing mit seinem Test für die Etablierung intelligenter Maschinen setzte. Durch die erfolgreiche Entwicklung von Chatbots (wie etwa den im März 2023 auf den Markt gekommenen GPT-4 von *OpenAI*) sind nun jedoch künstliche Agenten verfügbar, die bei ganz unterschiedlichen Aufgaben überzeugen und bisherige KI-Systeme damit bei weitem übertreffen.

Sie basieren auf sehr großen Sprachmodellen (*large language models* – LLMs), die durchaus an die astronomisch

große Datenbank aus Ned Blocks Gedankenexperiment erinnern (s. Kap. 7.2). Allerdings folgen sie nicht, wie von Block vor 30 bis 40 Jahren angenommen, vorprogrammierten Eingabe-Ausgabe-Mustern. Stattdessen geben sie auf einen Eingabetext Antworten, die auf statistischen Korrelationen zwischen Wörtern in Milliarden von Online-Sätzen basieren, auf denen sie gezielt trainiert wurden, um möglichst plausible Antworten zu generieren (Biever 2023). Die durch sie ermöglichten Konversationen wirken insbesondere auf Laien derart überzeugend, dass GPT-4 den Turingtest in seiner populären Version zu bestehen scheint.

Das unterstreichen insbesondere die Ergebnisse einer groß angelegten Erhebung des AI21 Labs (https://www.ai21.com/blog/human-or-not-results), das inzwischen weltweit mehr als zwei Millionen Personen für zweiminütige Unterhaltungen in dem durch den Turingtest inspirierten Spiel »Human or Not?« gewinnen konnte. In diesem Online-Chat treffen sie auf andere Menschen oder auf Bots wie ChatGPT oder Jurassic-2. In 68 Prozent der Fälle haben die Teilnehmenden korrekt erkannt, ob sie sich mit einem Menschen oder mit einem Chatbot unterhielten; war der Gesprächspartner ein Mensch, lagen sie in 73 Prozent der Fälle richtig, bei Chatbots nur in 60 Prozent der Fälle (Jannai [u. a.] 2023). Das bedeutet, dass die Chatbots Turings 30-Prozent-Hürde deutlich übersprangen, da sie in 40 Prozent der Fälle für Menschen gehalten wurden, und somit den Turingtest bestanden haben. KI-Experten dürften jedoch in der Lage sein, Chatbots sehr viel häufiger richtig zu identifizieren.

Die Aussagekraft des Turingtests bleibt allerdings auch nach seiner erfolgreichen Bewältigung durch Chatbots um-

stritten (s. Kap. 7.2). Deren Leistungen, die durchaus als Meilensteine für maschinelle Intelligenz gelten können, werden unter Fachleuten verschieden eingeschätzt: Einige sprechen ChatGPT und vergleichbaren Chatbots erste Ansätze eines Denkvermögens zu, andere bleiben vorsichtiger, zumal es keinen allgemein akzeptierten Lackmus-Test für Intelligenz oder Denkvermögen gibt (Biever 2023).

Ein weiteres Problem besteht darin, dass sich die Ergebnisse der Tests mit KI-Systemen, die wesentlich auf sprachlichen Mitteilungen basieren, selbst wenn es sich um Expertenwissen handelt, kaum auf andere menschliche Kompetenzbereiche wie z. B. die Fähigkeit, zu generalisieren, übertragen lassen (Biever 2023). François Chollet (2019) stellte daher eine Auswahl von über 400 sehr verschiedenen Aufgaben wie z. B. das Vervollständigen symmetrischer Muster zusammen (den *Abstraction and Reasoning Corpus* – ARC), für die jeweils nur drei bis vier Beispiellösungen präsentiert werden und die zur Lösung ganz unterschiedliche Generalisierungsprinzipien erfordern. Während Menschen ARC-Aufgaben zu 80 Prozent korrekt lösen konnten, gelang das den 2020 existierenden Bots bestenfalls in 21 Prozent der Fälle (Biever 2023).

Die Arbeitsgruppe um Melanie Mitchell nahm diese Ergebnisse zum Anlass, mit *ConceptARC* in Anlehnung an die Vorschläge Chollets eine neue Aufgabensammlung vorzulegen, die systematisch begriffliches Verstehen und Generalisieren auf unterschiedlichen Abstraktions- und Komplexitätsebenen zu testen erlaubt (Moskvichev [u. a.] 2023). Während etwa 400 Versuchsteilnehmende die 16 Aufgaben in über 90 Prozent der Fälle lösen konnten, kam GPT-4 auf knapp 20 Prozent richtige Ergebnisse (Moskvichev [u. a.]

2023, S. 6). Dennoch war Mitchell von einigen Einzelergebnissen des GPT-4 beeindruckt (so löste es 33 Prozent einer spezifischen Aufgabe), da dieses KI-System zuvor gar nicht auf solche Probleme trainiert worden war.

Es zeichnet sich ab, dass es auch künftig eine Reihe ganz verschiedener Tests bedarf, um die Fähigkeiten künstlicher Systeme möglichst umfassend einschätzen zu können. Es wird nicht einen einzigen Test geben, der die Nachfolge des Turingtests antreten kann (Biever 2023).

Mit der Entwicklung unseres Verständnisses der menschlichen Psyche und der Informatik haben sich neue Ziele und Fragestellungen aufgetan, die vielfältiger sind und weiter führen als die Frage, ob Maschinen *denken* können, wenn sie in der Lage sind, mit uns angemessen zu kommunizieren.

7.4 Ist denkenden Maschinen »alles schnuppe«?

Maschinen der Art, wie sie in Kap. 7.3 angesprochen wurden, sind zwar unzweifelhaft auf gewisse Weise intelligent, hätten in einem vollgültigen Turingtest aber nicht den Hauch einer Chance. Was also fehlt ihnen noch?

Einige würden sagen: Ihnen fehlt ein *affektiver Bezug zur Welt*. Wie Haugeland (1979, S. 619) es formulierte: »Computers just don't give a damn« – ihnen ist alles schnuppe. Selbst wenn es eine (situierte) Maschine mit geeigneter Kenntnis unserer physischen Umwelt gäbe, wäre ihr diese Welt offenbar in dem Sinne *egal*, dass sie keine bedeutsamen Beziehungen zu ihr hätte (s. Kap. 7.2).

Die aktuelle KI-Forschung hat sich dieses Problems jedoch bereits angenommen, indem sie versucht, Maschinen

einen affektiven Bezug zur Welt beizubringen (zum Folgenden s. Stephan 2015a).

Als illustratives Beispiel können in diesem Zusammenhang intelligente Tutorsysteme dienen, wie sie Art Graesser (*1950) entwickelt hat. Der sogenannte *Affective AutoTutor* kann nicht nur in Echtzeit und in normaler Sprache Studierende unter anderem in Newton'scher Physik, in Computersprachen, in kritischem Denken sowie in Biologie und Wissenschaftsethik unterrichten, sondern verfügt darüber hinaus auch über ein reiches Repertoire zur affektiven Kommunikation (D'Mello/Graesser 2013). Er kann in gesprochener Sprache kommunizieren und Fragen beantworten, indem er pädagogische und motivationale Strategien menschlicher Tutoren simuliert und versucht, durch geeignete Bilder und Animationen das Interesse der Studierenden aufrechtzuerhalten. Darüber hinaus modelliert er fortlaufend ihre kognitiven Zustände, um seine weiteren Interaktionen dynamisch anpassen zu können. Außerdem erkennt er Fehler und Missverständnisse und korrigiert diese in angemessener Weise. Die Interaktionen ähneln dabei eher einem vertiefenden Gespräch als kurzen Frage-Antwort-Sequenzen, wie man sie vom Loebner-Preis (s. Kap. 7.1) kennt. Der *Affective AutoTutor* ist z. B. in der Lage, sich die jeweiligen affektiven Zustände der Studierenden unter Beachtung ihrer Mimik, Körpersprache und Kommunikationsweise zu erschließen, auf negative Befindlichkeiten wie Frustration oder Langeweile einzugehen und die eigenen emotionalen Zustände des animierten pädagogischen Akteurs über dessen Gesichtsausdruck sowie den Inhalt und die Intonation seiner sprachlichen Mitteilungen auszudrücken (D'Mello/Graesser 2013).

Wie ein pädagogisch versierter Lehrer, versucht der *Affective AutoTutor*, die Studierenden in einen Lernprozess zu verwickeln, der sie weder langweilt noch überfordert oder verwirrt, indem er Tempo, Komplexität und Ausrichtung der Aufgaben entsprechend steuert. Die Basis für die Implementation dieser Fähigkeiten bildet eine Reihe von Studien, in denen diejenigen affektiven Zustände identifiziert wurden, die Studierende typischerweise erleben, wenn sie mit künstlichen Tutorsystemen interagieren (Baker [u. a.] 2010): Besonders häufig empfanden jene Langeweile, Enthusiasmus, Verwirrung und Frustration (D'Mello 2013, S. 1089), also Zustände, die nicht zu den basalen Emotionen gerechnet werden, aber vermutlich auch für den normalen Unterricht einschlägig sein dürften. Der *Affective AutoTutor* vermag diese für Lernprozesse typischen affektiven Zustände zu erkennen, um mit Studierenden erfolgreich zu interagieren und kann dafür eher unterstützend oder eher aufrüttelnd auftreten. Es gelingt ihm damit, eine Lernumgebung für Studierende zu schaffen, die es Beobachtern nicht mehr erlaubt, automatisch generierte Interaktionen von menschlich generierten zu unterscheiden (D'Mello/Graesser 2013, S. 13 f.).

Dennoch würden wir vermutlich zögern zu behaupten – und auch ganz zu Recht –, dass der *Affective AutoTutor* über einen Geist oder über Intelligenz verfüge. Obwohl er sehr häufig in der Lage ist, sich der »Worte oder andere[r] Zeichen« zu bedienen, »wie wir es tun, um anderen unsere Gedanken darzulegen« (Descartes 1637, 5.10) und für mehrere Wissenschaftsbereiche ein sehr guter Tutor ist, scheitert er an Descartes' zweiter Aufgabe (s. Kap. 2). Der *Affective AutoTutor* ist nur auf einem eng begrenzten Gebiet

einsatzfähig. Wir brauchen uns nur vorzustellen, ein Studierender antworte auf die Bemerkung »Du scheinst frustriert zu sein, weil du die Aufgabe noch nicht selbstständig lösen kannst. Soll ich dir noch ein paar weitere Hilfestellungen geben?« mit dem Satz: »Es liegt nicht an deinen blöden Aufgaben. Meine Freundin ist gestern ausgezogen!« Der *Affective AutoTutor* dürfte wohl kaum in der Lage sein, mit einer solchen Information angemessen umzugehen (dazu wurde er ja auch nicht eingerichtet). Doch spinnen wir die Sache ein klein wenig weiter aus: Es wird kein unüberwindbares Problem darstellen, den *Affective AutoTutor* zu Antworten wie den folgenden zu befähigen: »Oh, das tut mir leid. Sollen wir trotzdem versuchen weiterzuarbeiten oder wollen wir für heute aufhören?« Eine solche Replik dürfte bereits ausreichen, um kommunikative Grenzsituationen in einer Unterrichtseinheit aufzufangen. Im Übrigen sind auch viele Lehrende nicht darauf vorbereitet, hilfreich und weiterführend mit ihren Studierenden zu kommunizieren, sollten sie von deren persönlichen Problemen erfahren (vgl. Stephan 2015b). Gesetzt den Fall, künstliche Akteure hätten ihre kommunikativen und affektiven Fähigkeiten über einen längeren Zeitraum entwickelt und erworben – ein Lernszenario, über das in der sogenannten *cognitive developmental robotics* und der *affective developmental robotics* bereits intensiv geforscht wird (z. B. Asada 2015) – und wären außerdem in der Lage, selbstständig einen Coach aufzusuchen, um ihre kommunikativen und lebensweltlichen Kompetenzen angemessen zu erweitern, wenn sie Situationen ausgesetzt sind, für die ihnen noch kein angemessenes Repertoire zur Verfügung steht: Würden wir auch dann

noch meinen, ihnen könne kein Geist oder keine Intelligenz zugesprochen werden? Und falls ja, liegt das dann an ihnen oder vielleicht an uns?

7.5 *Turing und Science-Fiction*

Turings Überlegungen zu der Frage, ob Maschinen uns für eine gewisse Zeit glauben machen könnten, sie seien Menschen (und insofern denken können), hat nicht nur in der Künstlichen Intelligenz und Philosophie, sondern auch in der Science-Fiction großen Widerhall gefunden.

Während Turing noch davon ausging, die Kommunikation zwischen Mensch und Maschine in getrennten Räumen über Fernschreiber ablaufen zu lassen – zu seiner Zeit verfügten Maschinen noch über kein Sprechvermögen und wären natürlich auch sofort durch ihr äußeres Erscheinungsbild als Maschine erkennbar gewesen –, sind in einigen Science-Fiction-Szenarien Maschinen bereits so weit entwickelt, dass sie weder durch ihre Stimme noch durch ihr Aussehen leicht von Menschen unterschieden werden können.

Die offensichtlichste Entlehnung bei Turing unternahm Philip K. Dick (1928–1982) mit seinem Roman *Blade Runner* (1968): In einem dystopischen Los Angeles im Jahre 2019 leben sogenannte Replikanten, künstliche Menschen, die äußerlich nicht mehr von natürlichen Menschen zu unterscheiden sind, diesen aber körperlich und teilweise sogar geistig überlegen sind. Um Replikanten nicht zu einer dauerhaften Gefahr werden zu lassen, ist ihre Lebensdauer auf vier Jahre begrenzt. Als einige Replikanten Menschen bedrohen und töten, wird Rick Deckard, ein ehema-

Abb. 4: Der Voight-Kampff-Test im Einsatz: Replikant oder nicht?

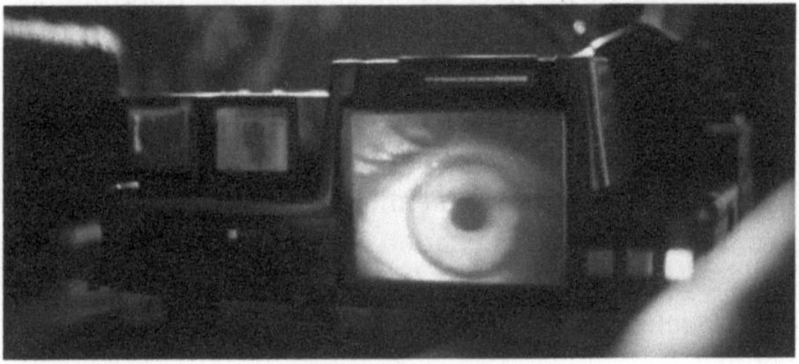

Abb. 5: Lidschlag im Voight-Kampff-Text

liger Blade Runner bzw. Androiden-Jäger, beauftragt, diese ausfindig und schließlich unschädlich zu machen. Deckard wendet dazu einen Fragenkatalog gepaart mit einem die Lidreflexe des Probanden übergroß wiedergebenden Gerät an, um Antworten seines Gegenübers auf zum Teil völlig absurde Fragen auf der sogenannten Voigt-Kampff-Skala einzuordnen und erhofft so herauszufinden, ob es sich bei

dem Probanden um einen Menschen oder um einen Roboter handelt.

Eine weitere faszinierende Umsetzung des Problems, Menschen wie ein Mensch zu erscheinen, gelang Martha Wells (*1964) mit ihren *The Murderbot Diaries* (2017/18): Ein Kampfroboter soll ausgemustert werden, entwickelt jedoch plötzlich Bewusstsein und versucht, sich möglichst wie ein Mensch zu verhalten, um nicht entdeckt und sofort eliminiert zu werden. Große Schwierigkeiten bereiten ihm Schamgefühle und das Empfinden von Vertrauen und Nähe.

Auf die Spitze treibt das Ganze Alex Garlands (*1970) Film *Ex Machina* von 2015. Der Titel spielt auf die Wendung »Deus ex machina« an: Die verzwickte Handlung vieler Barocktragödien wird dadurch entwirrt, dass am Ende ein Gott plötzlich »wie aus der Maschine« erscheint und alles ordnet: Der junge Programmierer Caleb soll in strenger Isolation von der Außenwelt herausfinden, ob die

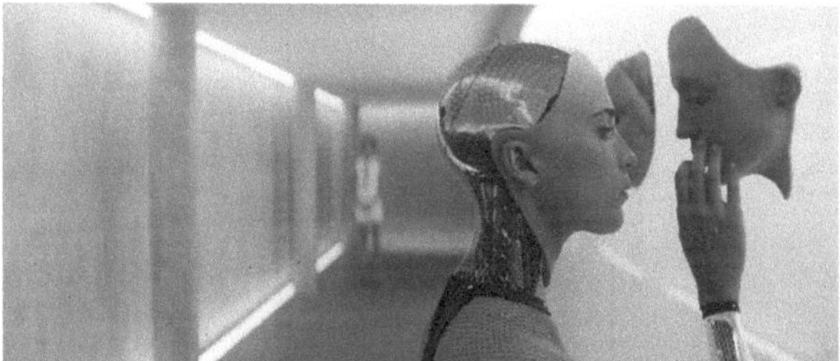

Abb. 6: *Ex Machina*: Wer bin ich – oder was?

attraktive Maschine Ava es vermag, ihn zu beeinflussen. Ava instrumentalisiert Caleb, indem sie dessen Zuneigung ausnutzt, und lässt ihn sterbend im isolierten Wohnbereich zurück, um in der Welt endlich noch mehr über die Menschen lernen zu können, bis sie sich in ihrem Verhalten nicht mehr von ihnen unterscheidet.

Inhalt

Inhalt